샛길
독서

샛길 독서

꼬불꼬불 돌아가는 재미가 있다
가족·친구와 함께하는 체험형 독서법

윤병임 지음

참출판사

차 례

part 4 적 용 ：위대하게 뛰어넘기

책 읽는 즐거움을
모르는 아이들

책을 펴는 것보다 휴대전화 속 영상을 보는 것이 더 쉬운 세상에 살고 있다. 사정이 이러니 아이들과 책 읽기를 한다는 건 쉽지 않은 일이 되었다. 지나친 영상 노출이 좋지 않다는 것은 익히 들어 알고 있지만, 붐비는 버스 안에서, 사람이 많은 식당 안에서 아이들이 소란을 피우지 않게 하려고 어쩔 수 없이 쥐여 준 휴대전화가 어느 순간 떼려야 뗄 수 없는 것이 되어버린 지 오래다. 어떻게 하면 아이들의 마음을 책으로 다시 돌려놓을 수 있을까.

모국어를 제대로 읽고 쓰는 문해력은 어린 시절에 갖춰야 할 중요한 역량 중 하나이다. 하지만 세상이 온통 영상과 미디어로 둘러싸여 있으니, 독서에 관심과 호기심을 갖도록 만드는 일이 굉장히 힘든 일이 되어버렸다. 섣불리 접근해서 읽기만 강요한다면 역효과를 내기 일쑤니, 대작전을 펼치듯 은밀하고 주도면밀하게 그러면서도 자연스럽게 독서에 접근시켜야 한다.

한 아버지는 주말마다 아들과 함께 도서관에 갔다고 한다. 그런데 책을 읽지는 않고 열심히 배드민턴만 쳤다고. 그러다 배가 고프면 도서관 식당에서 아들과 라면을 먹었는데 이렇게 하다 보니 아이는 책을 읽고 공부하는 형, 누나들을 자연스레 접하게 되었다. 그러면서 서서히 책에 대한 호기심이 생겼고 책을 읽고 즐기는 환경에 점점 스며들게 되었다. 그러던 어느 순간, 아이도 책을 펴서 읽기 시작하더니 스스로 책을 뽑아 읽고 도서관에 가는 좋은 습관을 갖게 되었다는 경험담을 들었다.

이처럼 책 읽기는 자연스럽게 재미를 느끼고 스스로 하게 하는 것이 중요하다. 책 읽기를 공부하는 것처럼 의무감에 억지로 해야 하는 것으로 여기게 된다면 시작도 하기 전에 아이들은 멀리 도망갈지도 모른다. 책 읽기는 즐겁고 의미 있는 활동이라는 느낌이 들도록 유도하는 것이 굉장히 중요하다. 재미있는 놀이로, 몸으로 하는 체험으로, 자기 생각을 표현하고 나누는 대화로, 은밀하고 조심스럽게 책 읽기를 이어 나간다면 어떨까. 지속적인 책 읽기를 하려면 운용의 묘가 필요하다.

은밀하게
시작하기

중학교에서 아이들을 가르치는 일을 오래 하다 보니 한 가지 깨달은 것이 있었다. 결국, 책을 열심히 읽은 아이들과 그렇지 않은 아이들이 달랐다는 것. 책과 친했던 아이들은 긴 독서의 경험 덕분에, 적재적소에 딱 맞는 단어를 쓰는 어휘력과 긴 글을 이해할 수 있는 문해력이 좋았다. 생각의 폭이 넓고 세상을 이해할 수 있는 기초 지식도 많았다. 그리고 무엇보다 논리적으로 자기 생각을 조리 있게 말하고 쓸 수 있는 좋은 밑바탕을 가지고 있었다. 그런데 가만히 들여다보니 책을 많이 읽는 것도 중요하지만 어떻게 읽느냐도 중요했다. 어떤 아이는 책을 많이 읽고 지식을 자랑하듯 뽐내기도 했고, 어떤 아이는 좋아하는 책만 읽는 편향적인 모습을 보이기도 했다. 또 어떤 아이는 달리기하듯 결말을 보기 위해 질주하는 책 읽기를 하기도 했다. 반면, 어떤 아이들은 그저 책이 좋아서 읽고 또 읽는 아이들도 있었다. 엄청난 책의 양만큼 아이들의 독서법도 가지각색이었다.

다양한 방법으로 독서하는 아이들을 보면서 많은 책을 빨리 읽기보다는 한 권의 책이라도 잘 읽고 그것을 내 생각과 경험으로 가져가는 독서가 유익하다는 것을 깨닫게 되었다. 아이 셋을 낳고 기르는 동안 내 아이만큼은, 내가 가르치는 아이만큼은 책 읽기의 즐거움을 아는 아이로 키우고 싶다는 바람이 자연스럽게 생겼다. 그리고 이 생각은 곧 육아와 교육을 하는 나의 중요한 좌우명이 되었고 엄마들과 모임을 만들어 다양한 육아서와 독서법에 관한 책을 하나씩 읽고 실천하는 계기가 되었다.

샛길독서

책을 읽기 시작하면 아이들은 부모의 의도와는 다르게 그림책 속의 사소한 부분으로 시선이 분산되거나 엉뚱한 질문을 해서 부모를 어리둥절하게 만들기도 한다.

그런데 오히려 이런 아이들의 엉뚱함을 진지하게 받아들여 같이 알아보면 어떨까?

한 예를 들어보자. 몇 년 전, 수업 시간 영어 단어 'blacksmith'를 가르치며 '대장장이'라는 뜻을 익히고 연습하고 있었다. 그런데 한 아이가 손을 번쩍 든다.

"선생님, whitesmith는 없나요?"

"오, 그러네. 궁금하다. 같이 한번 찾아볼까?"

아이의 호기심을 적극적으로 따라가며 찾아본다. 찾아보니, whitesmith는 은도금공이라고 한다. 하얀색 은을 재료로 물건을 만드니 그럴듯한 단어다. 덕분에 새로운 단어를 배우게 되었다. 질문을 한 아이에게 고맙다고 좋은 질문이었다고 칭찬해주었다.

이렇게 샛길을 따라가다 보면 의외의 발견과 배움을 얻을 수 있다.

책을 읽고 생기는 호기심을 따라가는 독서법을 하시모토 다케시 선생은 슬로리딩이라고 명하였고 '샛길 공부법'이라는 명칭으로 학생들과 슬로리딩을 실천했다. '샛길이라는 것은 결국 새롭게 생각하는 계기'라는 그의 말에 공감했다. 이 말에 영감을 받아 나는 실제로 책을 읽고 많은 독서 활동을 실천해 보았다. 이런 경험과 노하우를 바탕으로 한 권의 책을 통해 다양한 샛길 활동을 이끌어냈고, 누구나 따라 할 수 있는 단계로 정리할 수 있었다. 그리고 그동안 실천했던 독서 활동과 방법을 '샛길독서'라는 이름으로 새로이 명명하게 되었다.

샛길독서는 한 권의 책을 중심에 두고 좀 더 깊은 샛길로, 혹은 좀 더 넓은 사잇길로 왔다 갔다 하는 독서법이다. 충분히 시간을 두고 책 한 권을 다양하게 체험하고 읽는 슬로리딩을 지난 6년간 마을과 가정에서 실천했다. 그동안 많은 사람과 했던 마을공동체의 경험, 학교에서 교실에서 했던 활동과 시행착오를 실천 방법과 함께 이 책에 실었다.

또한 샛길독서는 고전을 읽고, 하브루타(Havruta: 짝을 이뤄 서로 질문을 주고받는 유대인의 전통적인 토론 공부법)로 질문하고 대화하며 천천히 읽고 체험하는 독서법이기도 하다. 책을 읽으며 우연히 발견한 호기심에 샛길로 나아갔다가 다시 본래의 큰길, 책으로 돌아오는 독서법인 것이다.

샛길독서 여행을 시작해 보자. 이 책에서는 한 권의 책이 보여줄 수 있는 다양한 샛길 활동을 펼쳐 보이려고 한다.

하시모토 다케시 선생이 처음 도입한 슬로리딩 독서법은 정해진 방법이나 형식이 없다. 그저 책의 내용을 넓게 체험하고 깊게 연구하는 방향의 슬로리딩을 제안한 것이다. 그런 방향성만으로도 자유롭게 책을 요리할 방법은 많았다. 정해진 생각과 틀과 형식을 벗어나서 활동한다는 것이 나에게는 엄청난 매력으로 다가왔다. 하지만 누군가에게는 모호하고 어려운 이야기일 수도 있겠다는 생각도 하게 되었다. 그래서 슬로리딩을 중심에 두고, 그간 실천한 독서 활동을 단계별로 정리했다. 이렇듯 누구나 편하게 접근할 수 있는 우리만의 독서법을 안내하면 좋겠다는 생각이 '샛길독서'라는 제목의 이 책이 탄생하는 계기가 되었다.

이 책의
구성

이 책은 총 네 부분으로 구성되어 있다. 'Part1 준비'에서는 샛길독서를 하기 전에 어떤 준비를 해야 하는지, 샛길독서가 어떤 생각과 기초에서 나오게 되었는지에 대해 담았다.
　'Part2 출발'에서는 샛길독서를 어떻게 시작해야 하는지 소개했다.

'Part3 여정'에서는 학교와 마을의 친구들 그리고 가족과 함께 마을 동아리에서 실천한 샛길독서의 사례를 여섯 권의 책을 중심으로 보여주었고, 후반부에는 책을 예시로 체험 활동도 자세히 소개했다.

마지막으로 'Part4 적용'에서는 실제로 샛길독서를 적용할 때 어떤 점에 유의해야 하는지 운영의 비법과 샛길독서의 장점을 함께 실었다.

이 책은 혼자 읽기 독서에서 함께 읽는 독서를 꿈꾸는 이들에게 좋은 지침서가 될 것이다. 정적인 독서에서 역동적인 독서로 나아가는 지침서가 될 수도 있다. 마을에서 자녀 친구들과 독서 모임을 꾸리고 싶은 부모님, 학교에서 교실에서 혹은 가족 안에서 아이들과 역동적인 독서 수업을 시도하고 싶은 교사와 새로운 독서 지도법에 관심 있는 분들에게 다양한 아이디어를 샘솟게 할 수 있는 친절한 안내서가 되기를 꿈꾸며 이 책을 구성하였다.

위대한 발견을
꿈꾸며

우리 집 아이들이 초등학교 시절, 이웃 엄마들과 함께 진행한 '경기도 꿈의 학교 책, 놀자!' 마을공동체 모임은 다양한 샛길 활동을 실천했던 첫 독서 모임이었다. 당시 주축이 돼주었던 아이들은 초등 1학년 때 만나 6학년이 되는 해까지 도전과 변화, 성장을 함께 이루었다. 지금은 각자의 가정에서 '가족 책, 놀자!'를 실천하며 책 읽기의 즐거움을 이어 나가고 있다.

이제 중학생이 된 아이들은, 학교에서 마을공동체에서 함께한 책을 접할 때 한 단계 더 깊숙이, 더 빠르게 내용과 주제에 빠질 수 있다며 좋아했다. 그리고 함께했던 경험과 체험을 떠올리며 그 분야에 더욱 흥미와 관심을 가질 수 있었다고 많은 부모님들이 후기를 들려주었다.

그보다 중요한 건, 책을 단지 읽어야 하는 의무감의 대상으로 보지 않고 즐기고 나눌 수 있는 것으로 보게 되었다는 점이다. 친구와 가족과 나눈 소중한 이야기와 즐거운 체험은 잊을 수 없는 추억이 되었고, 함께하는 책 읽기, 샛길독서의 위대함을 발견하는 계기가 돼 주었다.

이 책을 나눔으로써 독자들도 아이들과 가족들과 책을 읽는 은밀하고 작은 시도를 할 수 있다면 좋겠다. 그리고 샛길독서를 통한 다양한 경험을 통해 독서는 즐거운 것이라는 위대한 발견과 배움을 얻을 수 있다면 더 바랄 것이 없겠다.

part 1

준비

몸풀기, 마음 풀기

초등 시기에는
책 읽기가 전부

"선생님, '저자'가 뭐예요?" "선생님 '의도'가 뭐예요?"

　이 질문은 초등학교 교실에서 나온 질문이 아니다. 중학교 교실, 시험 시간에 학생들이 한 질문이다. 아이들은 생각보다 어휘 이해와 사용에 많은 어려움을 겪고 있었다. 특히 문어체에 취약했다. 요즘은 아주 어릴 때부터 책보다는 휴대폰 영상을 먼저 접하는 아이들이 많다. 자극적인 화면과 영상에 많이 노출된 아이일수록 책을 읽고 이해하는 데 더 큰 어려움을 겪는다. 중학생이 되었어도 일상생활에서 필요한 기본적인 어휘에 대한 이해가 부족했고 상황에 맞는 어휘를 선택하는 데 어려움을 호소하는 아이들이 많다.

　어떤 아이가 선생님께 '선생님 고지식하시잖아요.' 해서 깜

짝 놀라 다시 물으니 '고지식'라는 뜻이 지식이 높은 것을 의미한다고 생각하고 이런 말을 했다고 답하더라는 웃지 못할 에피소드를 들은 적이 있다. 우습지만 서글픈, 요즘 말로 '웃픈' 현실을 어떻게 하면 바꿀 수 있을까, 어떻게 하면 아이들이 문맥과 상황에 맞게 어휘를 잘 쓸 수 있을까 고민했다. 책 읽기를 많이 하는 것도 하나의 방법이지만 단어 하나라도 공들여 제대로 살펴보는 과정이 꼭 필요하지 않을까 답을 찾고자 여러 교육서와 독서법에 관련된 책을 찾아 읽었다.

글을 잘 읽고 이해하고 쓰는 능력은 모국어뿐 아니라 영어 공부에도 영향을 미친다. 모국어를 통해 사용하는 어휘를 정확히 이해하고 상황과 문맥에 따른 사용 방법을 잘 익혀두어야 두뇌의 언어 창고에 풍부한 어휘 재료가 쌓이게 된다. 즉 모국어를 자유자재로 쓸 수 있는 아이들이 외국어도 감각적으로 더 빠르게 받아들이고 의사소통 능력도 향상될 가능성이 높다.

처음으로 문자 언어에 노출되는 초등 과정에서 가장 신경 써야 할 과목은 바로 국어다. 그런데 국어 실력은 단시간에 늘지 않는다. 세상의 경험을 통한 이해와 어휘력이 같이 자라나기 때문이다. 고등학교 수능을 앞둔 학생들이 생각보다 성적을 올리기 힘든 영역이 '언어 영역'이라는 말을 자주 하곤 한다. 어린 시절 쌓아둔 지식과 어휘 창고가 부족하기 때문이다.

제대로 된 책 읽기는 어휘력, 문해력, 독해력 향상의 지름길로 인도한다. 여유롭게 책을 읽고 국어 실력을 키울 수 있는 시간이 확보된 초등학교 시기부터 시작하는 게 좋다. 이 시기를 잘 활용해서 충분히 독서하고 생각하는 훈련을 해두어야 탄탄한 문해력을 바탕으로 중고등학교 시기의 공부를 안정적으로 할 수 있게 된다. 모국어를 통한 이해와 표현이 잘되어야 국어 이외에 다른 과목도 편하게 공부할 수 있음은 두말하면 잔소리다.

요즘 대세는
리딩메이트
(Reading Mate)

처음으로 아이를 학교에 보낸 초등학교 1학년 자녀를 둔 엄마들의 마음은 급하다. 한글, 영어, 수학, 미술, 체육을 가르쳐야 하고 조급함에 사교육 시장까지 기웃거린다. 이것저것 구색을 갖춘다고 하나씩 학원을 추가하기 시작한다. 과목을 하나씩 더 하다 보면 결국 너무 많은 시간을 학원과 학교에 보내느라 엄마는 바빠지고 아이는 지치는 악순환의 고리가 생기고 만다. 아쉽게도 가장 중요한 책 읽기는 우선순위에서 한없이 밀려나기 마련. 요즘 같은 세상에 책 읽기는 쉽지 않지만, 여전히 책을 통한 성장의 힘은 크다.

책 읽기를 아이 혼자 하기엔 어렵고 엄마는 또 어떻게 지도해야 할지 고민에 빠지는 순간이 많다. 하지만 친구들과 같은 책을 읽고 놀이하고 체험하면서 책 읽기를 한다면 어떨까? 아이들이 즐겁고 재밌는 경험으로 책 읽기를 기억한다면 얼마나 좋을까. 이런 작은 생각 하나하나가 뻗어나가 무모하지만, 순수한 마음을 모아 모임을 도모하기 시작했다.

엄마의 오지랖은 넓고도 넓어 가족으로, 마을로 쭉쭉 뻗어나갔다. 동사무소에서 시작한 엄마들의 독서 모임이 아이들과 함께하는 독서 품앗이 모임으로, 나중에는 아빠까지 포함한 가족 독서 모임, 200여 명의 마을 사람들과 함께하는 마을공동체로 커나갔다. 완벽하지 않았지만, 가족과 마을 친구들과 함께 책을 읽는 경험은 절대 놓칠 수 없는 책 읽기의 달콤한 유혹이 되었다.

엄마도 아이도 친구가 되어 같이 읽는 즐거움을 나누다 보면 지치고 힘든 독서 슬럼프를 가뿐히 넘어설 수 있는 큰 힘도 덤으로 얻는다. 그래서 책 읽기는 혼자 할 때보다 함께할 때 그 힘이 더욱 커진다.

카톡 한 줄로 시작된
마을 독서 모임

"안녕하세요. 저는 윤호엄마인데요, 힘들고 어려운 육아, 같이 책 읽으면서 좋은 방법을 찾아보려고 해요. 함께하실 분 계실까요? 저에게 개인 톡 주세요~!"

둘째 아이가 초등학교 1학년이 되었을 때 셋째를 출산하고 2년째 육아 휴직 중이었다. 비장한 각오로 1학년 아이들 부모가 있는 단톡방에 한 문장 던진다. 밤새워 고민하며 몇 번을 다시 고쳐 쓰고는 용기를 내 카톡 전송, 그리고 긴 정적….

첫째를 키울 때는 용기 내지 못했던 동네 엄마들과의 독서 모임을 하려고 했다. 둘째 아이의 엄마들 단톡방에 고작 한 줄 보내놓고는 심장이 쿵쾅쿵쾅 뛰고 조여왔다. 모르는 사람들이니 흔쾌히 오케이 사인이 오지는 않을 거라 예상했지만, 몇 시간이 흘러도 아무런 대답이 없자 너무 괴로웠다. 누가 뭐라고 하는 사람도 없는데 왜 그렇게 초조했던지…. 누구든 아무 말이라도 해주었으면 했다. 그렇게 민망한 시간이 얼마나 흘렀을까. 한 줄기 빛 같은 답글이 올라왔다.

"와, 너무 좋네요. 우리 같이 해요."

그 말 한마디에 잔뜩 쪼그라든 마음이 확 풀렸다. 그 엄마는 이후로 가장 친한 동네 친구가 되었다. 이렇게 마음 졸이며 용기 내서 올린 카톡 한 줄로 마을 독서 모임이 시작되었다.

처음에는 두세 명으로 시작된 모임이 입소문을 타고 한두 명씩 더 모이더니, 그해 말에는 8~9명 정도가 되며 제법 규모를 갖추게 되었다. 매달 두 권의 교육, 육아 관련 서적을 읽고 이야기를 나누는 시간은 시나브로 좋은 자양분이 되었다.

매일 조금씩
자투리 독서의 힘

"엄마! 일어나. 책 읽어주세요~"

일찍 잠든 나를 막내가 흔들어 깨운다.
"어, 그래. 오늘 무슨 책 읽는 날이지?"
졸린 눈을 게슴츠레 뜨고 어제 읽었던 책을 더듬더듬 찾는
다.
"엄마, 토끼전 여기 있어요."

이젠 좀 혼자 읽으면 좋으련만. 잠자기 전 책 읽기를 계속
해온 터라 아이들은 잠든 엄마를 깨워서라도 꼭 이 시간을 지
킨다. 토끼전, 흥부전 등등 어려운 고전 읽기는 아이 혼자 하기
는 힘들다. 어려운 말들이 꽤 많이 섞여 있기 때문이다. 어려운

단어의 뜻을 찾지 않아도 글은 읽히긴 하지만 엄마가 중간중간 모르는 단어도 알려주고 소곤소곤 다정하게 읽어주니 아이는 엄마와 함께할 수 있는 귀중한 시간을 포기할 수 없다.

우리 집도 아이가 셋이나 되니 누구 하나가 엄마를 혼자 독차지하기 힘들다. 잠들기 전, 아이들은 엄마와 누워서 책을 읽는다는 핑계로 잠시나마 바쁜 엄마를 오롯이 차지할 수 있으니, 그들에게는 금쪽같은 시간이다.

첫째, 둘째는 연년생으로 태어났다. 그리고 느지막이 막내가 태어났다. 늘 피곤한 맞벌이 엄마가 해줄 수 있는 일은 많지 않았다. 퇴근해서 밥 챙겨주고, 씻기고, 입히고, 내일 가져갈 준비물을 잊지 않고 챙기는 것만도 버거운 일상이었으니. 그렇다고 그냥 먹고 자는 일만 하고 하루를 마무리하기는 미안해서 시작한 일이 '하루 15분 잠들기 전 엄마랑 책 읽기'였다.

아무것도 할 줄 몰랐던 첫째 때에는 생후 5개월부터 침대맡에 책을 산처럼 쌓아두고 읽고 또 읽었더랬다. 유난히 잠투정이 심했던 큰애는 엄마 젖을 물고 자는 것이 습관이 되어서 수시로 깨서 울며 나를 찾곤 했다. '안 되겠다. 중간에 깨지 않고 통잠을 재워야지' 결심하고는 책 읽기를 시작했다. 잠들기 전 분유까지 더해 든든히 수유하고 트림시킨 후, 토닥토닥 등을 두드리며 책을 읽어주었다. 처음에는 20권 이상을 읽어도 잠들지 않던 아이가 15권, 10권, 5권, 어느 순간 3권 읽기가 끝나지도 않았는데도 어느새 쌕쌕하며 잠이 들었다.

연년생 둘째가 태어나고는 그나마 이런 시간도 힘들어졌다. 어느 순간부터 첫째가 한밤중에 깨서 이유도 없이 빽빽 울기 시작했다. 둘째 수유하느라 잠을 설치고 첫째가 새벽에 깨서 울어대니 그 시절 나의 소원은 깨지 않고 쭉 자보는 것이 유일했다. 혹시 책을 다시 읽어주면 첫째가 깨지 않고 푹 잘까 싶어 양팔에 한 명씩, 아이 둘을 끼고 다시 읽기 시작했다. 다행히 연년생이라 책의 수준도 고만고만. 둘째는 누나 덕분에 책의 수준이 훅 높아진다. 바닥엔 뽀로로 매트, 사방엔 책장 그리고 가운데 우리 셋. 그렇게 가족의 정을 책 읽기로 나누었다. 숙면은 덤으로 따라온다.

아침을 깨우는 모닝콜 독서 시간이나 잠들기 전 15분 책 읽기나 집마다 시간을 낼 수 있는 편한 때에 매일 할 수 있는 자투리 독서는 소중하다. 매일 부모와 함께하는 책 읽기는 정서 발달에 좋은 것은 물론이고, 책에 대한 부담감을 없애주어 스스로 책을 찾아 읽는 독서 독립의 좋은 발판이 되기도 한다.

중3이 된 큰아이는 이제 자신이 좋아하는 철학서와 역사서를 스스로 대출해서 연간 80권가량 읽으며 학교 도서관 대출왕 2위의 위엄을 보였다. 사춘기 절정인 중2인 둘째도 여느 아이들처럼 게임하고 피시방 가고 놀고 즐기는 바쁜 와중에 고맙게도 한 달에 한 번 가족과 함께 책을 읽고 나누는 '가족 책, 놀자!' 시간은 잊지 않고 챙긴다. 누군가는 겨우 그걸로 돼? 하겠지만 사춘기 아이가 책 읽기에 자발성을 보이는 것만으로도 감지덕지한 일이다. 힘겹게 이어온 하루 15분 독서의 힘은 앞으로도 쭉 계속되리라 믿는다. 매일 조금씩, 자투리 독서의 힘은 작은 벽돌처럼 쌓여 자신만의 독서 스타일, 튼튼한 독서 습관으로 자리 잡게 될 것이다.

part 2

출발

독서의 샛길을 만드는 법

세 개의 키워드를
기억하라

2016년 4월부터 매달 두 권씩, 격주로 모여서 각종 육아와 교육에 관련된 책을 읽고 엄마들과 이야기를 나누었다. 그렇게 일년에 대략 열다섯 권의 육아 교육서를 읽었던 것같다. 그 많은 책 중에서 내게 큰 영감을 주었던 책은 〈초등고전 읽기 혁명〉, 〈질문하는 공부법, 하브루타〉, 〈EBS 다큐프라임 슬로리딩, 생각을 키우는 힘〉 이렇게 세 권이었다.

이 책 속에서 찾은 세 가지 키워드는 고전, 하브루타, 슬로리딩이다. 누군가가 나에게 "무엇을 읽어야 할까요?"라고 묻는다면 나는 단연 '고전'이라 말할 것이고, "어떻게 읽을까요?"라고 묻는다면 질문하면서 천천히 읽는 '슬로리딩'이라고 답할 것이다.

이 좋은 것을 이웃, 동료, 제자들과 같이하면 좋겠다는 작은 바람이 여러 모임을 만드는 동기가 되었다. 세 권의 책은 마을 안에서 서서히 피어났고, 아이들의 생각이 커지는 만큼 엄마들의 자신감도 함께 커졌다.

1. 왜 고전(古典)인가?

> "만약 당신이 모든 나라의 말을 하고 모든 나라의 습관을 배우고자 한다면, 그리고 그 어떤 여행가보다 더 멀리 여행하고 모든 풍토에 익숙해지며, 스핑크스의 수수께끼를 풀어서 그로 하여금 자기 머리를 바위에 부딪혀 죽게 만들려고 한다면, 옛 철인의 가르침을 받아들여 당신 자신을 탐험하라."
>
> - 〈월든〉 중에서, 헨리 데이비드 소로

오랜 시간에 걸쳐 읽혀온 '고전의 지혜'

작가 데이비드 소로는 〈월든〉이라는 책에서 자신을 탐험하고 알아가는 최고의 방법으로 옛 철인(哲人)들의 가르침을 받아들이라고 조언하고 있다. 이는 고전이라는 서적을 통해 내려오는 옛사람들의 지혜를 잘 살펴보라는 뜻일 것이다. 〈초등고전 읽기 혁명〉(2020년판)을 지은 송재환은 "고전은 인문학 중에서도 시간의 거름 장치를 통과한 가장 값어치 있는 결정체"라고 말한다. 고전이란 30년 이상 된, 수준 있는 책을 의미하고, 수준 있는 책은 바로 내용과 전개, 담고 있는 가치관 등이 훌륭하다는 뜻을 담고 있다. 그러므로 고전을 읽는다는 것은 인문학을 읽는다는 것과 비슷한 말이라고 할 수 있다.

책 고르는 부담을 줄여주는 '고전의 힘'

아이들과 어떤 책을 읽을지 결정하는 것은 굉장히 힘들고 어려운 일이다. 그런데 고전은 오랫동안 많은 사람이 읽고 있는 책이고 다양한 출간본이 있어 선택의 폭이 크다. 게다가 여러 분야에서 두루 활용되고 있으니, 실용성으로도 골라 읽을 만한 가치가 있다. 무엇보다 고전에는 시간이 지나도 변치 않는 세상의 지혜와 지식이 담겨 있다.

송재환의 〈초등고전 읽기 혁명〉 2012년 판에서 추천한 책의 도움을 받아 2016년부터 2021년까지 6년 동안 독서 중심 마을공동체 활동을 운영했다. 고전 읽기의 시작은 어렵고 힘들었지만, 길고 어려운 책을 잘 읽어내면 초등학교를 지나 중학교, 고등학교 때까지 독서를 중심으로 한 다양한 교과 활동에서 다방면의 도움을 받는다.

중학교 2학년이 된 우리 아들이 좋아하는 책은 〈노인과 바다〉이고, 중학교 3학년이 된 딸이 읽고 또 읽는 '최·애·책(최고로 애정을 갖는 책)'은 바로 〈이상한 나라의 앨리스〉이다.

어떤 아이는 고전을 읽고 쓴 독후감으로 상을 받고, 또 어떤 아이는 지금도 역사를 중심으로 한 책에 흥미를 갖고 스스로 책을 찾아 읽는 습관을 갖게 되었다고 말한다. 이런 점에서 고전을 읽는다는 것은 그만큼 오랫동안 자기 인생에 커다란 도움을 주는 영양제와 같다.

다양한 장르로 쉽게 만날 수 있는 '고전의 다채로움'

둘째 아이가 초등학교 1학년 때의 일이다. 〈호두까기 인형〉을 읽고 엄마와 책 읽기를 하고 여러 가지 독후 활동을 했었다. 이후에도 연말이 되면 차이콥스키의 호두까기 인형 발레 공연을 보거나 음악을 듣게 되는데, 아이들은 과자 성을 만들고 음악에 맞춰 춤추던 추억을 떠올리며 고전 읽기의 즐거움을 새삼 느끼곤 한다.

이처럼 고전은 다분히 책으로만 존재하는 것이 아니라 음악, 미술, 시, 뮤지컬, 연극 등으로 변형되어 재탄생된다. 다양한 분야에서 자주 접할 수 있는 고전을 읽는다는 것은 고전을 기초로 한 문화 소양을 기르는 데 최적의 방법이 아닐 수 없다.

세대의 벽을 허무는 '고전의 따듯함'

가족과 함께하는 한가한 저녁, 아이와 엄마가 흥부전을 함께 읽는다. 아이는 모르는 단어를 엄마에게 물어보고 엄마는 단어의 뜻을 알려준다. 할머니와 흥부전 판소리 공연을 보며 아이는 즐거워하고 흥부전에 나오는 사투리의 뜻을 할머니가 알려준다. 이렇게 고전을 중심에 두고 묻고 듣고 즐기면서 아이-엄마-할머니로 이어지는 세대 통합이 이루어진다.

우리 집 막내가 가장 좋아하는 국악은 왕기철, 왕기석이 부르는 〈화초장〉이다. 덩실덩실 춤을 추며 '초장, 화초장, 화초장, 화초장 하나를 얻었다. 화장초, 화장장, 장장초 아이고 요것도 아니다' 하며 따라 부르는데, 그 모습이 너무도 귀여워 가족 모두가 한바탕 크게 웃는다. 고전을 읽으며 가족의 화목함도 덤으로 얻을 수 있었다.

2. 왜 하브루타인가?

어려운 고전을 읽으면서 한 번에 술술 다 읽을 수 있는 사람이 과연 몇이나 될까? 책을 읽으며 어렵고 힘든 단어나 개념을 만날 때마다 계속되는 질문과 답을 찾으면 효율적인 학습이 저절로 일어난다.

'하브루타'는 유대인의 전통적인 '대화식 교육법'으로 짝을 지어 상대에게 질문하고 토론하고 논쟁하는 것을 말한다. 책을 읽기만 한다면 지식의 양만 늘릴 수 있다. 그러나 책을 읽는 데에만 그치지 않고 질문하고, 토론한다면 얻은 지식을 사용하는 역량을 키울 수 있다.

더불어 누군가와 질문하고 대화를 이어 나가는 하브루타 교육법은 효과적으로 질문하고 자신의 의견을 표현하면서 상대의 생각을 경청하는 의사소통 능력도 동시에 키울 수 있다.

답을 찾는 과정에 적극적으로 참여하면서 문제 해결 능력
이 높아지고 질문의 답을 상상하거나, 질문의 의도를 유추하고
대화 내용을 공감하면서 심미적 감성 역량도 함께 자란다.

아울러 친구, 가족, 선생님들과 소통하면서 공동체의 구성
원에게 필요한 가치와 태도 또한 자연스럽게 배울 수 있다. '질
문을 통한 하브루타 읽기'는 편안한 대화의 물꼬를 터서 의사
소통 역량을 키울 수 있게 하는 유익한 과정이다.

우리 가족은 매달 한 권의 책을 정해 같이 읽는다. 책을 다
읽은 뒤 다양한 생각을 묻는 '열린 질문' 한 가지, 하나의 정답
을 요구하는 '닫힌 질문' 한 가지씩 각자 만들어 서로에게 묻고
답하는 시간을 갖는다.

이번 달은 셰익스피어의 〈베니스의 상인〉을 읽었다. 중3인
큰딸이 정한 책이다. 엄마, 아빠, 중3, 중2, 초3 이렇게 다섯 가
족의 다양한 질문과 생각이 오고 가며 이야기가 이어진다.

아빠부터 질문한다.

"샤일록이 정말 잘못한 것이 있을까?"

아이들은 곰곰이 생각하다가 한 마디씩 자신의 의견을 더
한다. 아빠는 약속한 대로 돈을 빌려주고 돈을 갚지 못하면 살
점을 빼앗기로 했고 그대로 하려 했을 뿐이니, 잘못한 것이 없
는 것 같다고 의견을 말한다. 아이들은 돈을 갚을 수 있었는데

도 돈을 받지 않고 사람의 목숨을 빼앗으려 한 것은 샤일록이 잘못한 행동이라며 갑론을박이 이어진다. 처음에는 맛있는 간식 때문에 억지로 앉아 있던 사춘기 중학생 아이들도 말하는 재미에 빠져 쉽게 자리를 뜨지 못하곤 한다.

책을 읽고 하브루타로 대화하는 일은 자칫 건조한 대화로 이어지는 가족의 일상에 작은 변화를 일으키고 새로운 대화의 물꼬를 터주었다. 가족 모두가 좋아하는 책을 두세 권씩 추천하고 일 년간 읽을 책 리스트를 작성하여 공지한다. 한 달에 한 번씩 가족이 순서를 정해 돌아가며 가족 체험이나 간식을 조사해서 맛있는 음식과 함께 대화의 자리를 마련해 보는 것은 어떨까? 작은 용기를 내어 시작한다면 아마 그 효과는 상상 이상일 것이다.

3. 왜 슬로리딩인가?

슬로리딩을 알게 된 건 〈천천히 깊게 읽는 즐거움〉이라는 책을 접하면서였다. 이 책은 하시모토 다케시 선생님의 제자들이 슬로리딩으로 학습한 결과와 그 영향에 대해 생생하게 전한 증언을 중심으로 구성된 책이다.

예전엔 많은 책을 빨리 자주 읽어야 좋다고 생각했었다. '읽는다'라는 걸 단순히 책의 첫 페이지부터 끝 페이지까지, 경주하듯 일직선을 관통하며 줄거리를 파악하는 것이라고만 생각했었다. 하지만 하시모토 다케시의 교육법은 달랐다. 책을 읽으며 만나는 작은 단어 하나, 사실 하나라도 그냥 넘어가지 않고 꼼꼼히 알아보고 살펴보고 자세히 관찰하도록 지도하고 있었다. 슬로리딩은 책이 주는 모든 정보를 온전히 충분히 생각하면서 받아들이고, 그와 관련된 샛길 지식이나 체험을 자유롭게 연결 지으며 머리와 몸으로 읽는 역동적인 독서법이다. 이러한 책 읽기는 그 폭이 무한대로 넓고 깊이는 저 아래로 깊다. 속도는 느릴지라도 가장 확실하고 풍부하게 책을 읽는 방법이 바로 '슬로리딩'인 것이다.

〈은수저〉한 권을 3년 동안 읽기

슬로리딩은 일본의 국어 교사인 하시모토 다케시 선생에 의해 처음으로 도입되었다. 그는 중·고 과정 통합 학교인 나다 학교에서 근무했다. 그곳에서 그는 나카 간스케가 쓴 〈은수저〉를 6년 동안 읽고 또 읽게 하는 전대미문의 수업을 실천하였다. 그 결과 후기로 들어오는 학교에 지나지 않던 나다 학교를 일본 최고의 명문고로 만든 주인공이 되었다. 1962년에는 〈은수저〉 2기생들이 나다 학교 최초로 교토대 합격자 수 일본 내 1위를 하고, 1968년에는 사립 최초로 도쿄대 합격자 수 일본 내 1위를 기록했다고 한다. 이렇게 훌륭한 입시 성적 이외에도 하시모토 다케시가 시작한 이 독서법은 깊고 넓게 학습하는 방법으로 학생들에게 큰 영향을 끼쳤다.

> "나카 간스케의 소설인 〈은수저〉. 이 200쪽짜리 얇은 문고판을 3년에 걸쳐 읽어가는 사이 실로 다양한 공부를 했습니다. 국어 수업 시간임에도 불구하고 작품 속에 연날리기 장면이 나오면 밖으로 나가 직접 연을 날리고, 막과자가 등장하면 교실에서 실제로 먹어보는 겁니다. (중략) 단순히 교과서를 읽는 데 그치지 않고 자유롭게 수업을 할 수 있으면 좋겠다고 생각했을 뿐이지요. 제가 독서 중심의 수업을 하고자 마음먹은 이유는 어떻게든 학생들의 마음에 평생 남을 수 있는 살아 있는 양식이 되는 수업을 하고 싶다는 커다란 바람이 있었기 때문이에요."
>
> 〈슬로리딩, 생각을 키우는 힘〉 중에서, 하시모토 다케시

속도보다는 방향

배움의 목적은 어디에 있을까? 개인마다 다양한 이유와 목적이 있을 것이다. 적어도 배움을 통해 더 나은 사람이 되고 조금 더 행복한 사람이 되어간다면 여러 가지 목적 중 하나는 달성했다고 볼 수 있지 않을까. 단지 시험을 위해서만 독서가 존재한다면 교육이라는 궁극적인 목적에는 도달했다고 볼 수 없다. 시험을 위해 교과서에 나오는 책만 읽고, 시험에 나오는 시만 골라 외우고, 자습서에 나온 작가의 의도를 파악하고 밑줄 치고 공부

하는 과정은 지식을 얻는 것에 그칠 뿐, 그것이 우리 생각을 열게 하고, 더 나은 성장으로 연결하지는 못한다.

위인들이 보여주었던 역사적 업적들을 외우는 것으로 아이들은 행복해지지 않는다. 배운 지식과 사실들이 지금 나의 삶, 나의 생각과 연결되어야 비로소 즐거움과 의미가 생겨날 수 있다. 그런 면에서 속도에 압도되지 않고 호기심을 따라 개인의 취향과 배움을 고려하며 유연하게 활동할 수 있는 '천천히 읽기, 슬로리딩'은 궁극의 교육 목표 달성에 최적화된 독서 방법이라고 할 수 있다. 다양한 개인의 취향과 아이들의 요구를 반영하여 수업을 운영하고 동시에 책의 전체 흐름을 따르고 있으니, 방향이 흐트러지지 않는다. 중간중간 샛길 활동을 하거나 나름의 연구 노트를 작성할지라도, 결국은 책 속 이야기로 돌아와 다음 활동을 이어 나간다. 슬로리딩은 속도보다 '방향'을 중시하는 독서법이다.

샛길로 빠지는 재미

책을 읽는 재미는 어쩌면 책 속에 있지 않고 책 밖에 있었다. 책을 읽다가 문밖의 하늘이나 녹음을 보면 줄창 봐온 범상한 그것들하곤 다르게 보였다. 나는 사물의 그러한 낯섦에 황홀한 희열을 느꼈다.

〈그 많던 싱아는 누가 다 먹었을까〉 (박완서, 웅진주니어)

아이들은 어떤 것에 재미와 즐거움을 느낄까? 기본적인 틀에 약간의 변형을 주면, 아이들은 작은 변화에도 행복을 느낀다. 그래서 샛길로 빠지는 독서는 의외의 재미를 준다. 마을공동체 '책, 놀자! 경기 꿈의 학교(이하 책, 놀자!)'에서는 각각의 책마다 다양한 샛길 활동을 연결 지어 진행했다. 우리나라 역사서를 읽고 친구들과 함께 간 한성백제박물관 견학부터 가족 모두 함께 간 광주 역사 체험까지 몸으로 길로 역사 속을 누비며 배운 내용은 지식뿐 아니라 즐거운 추억으로 아이들의 기억 속에 남아 있다. 수업에서도 슬로리딩을 하는 모임에서도 각자의 머리에서 저마다 다르게 나오는 샛길 활동은 지루한 읽기 활동에 한 줄기 빛 같은 재미를 선사한다.

"아이들이 싫증 내지 않고 '슬로리딩' 수업법에 집중하기 위해서는 '샛길 공부법'을 이용하면 좋습니다. 개인의 관심사에 따라 샛길로 빠지면 빠질수록 인생에 대한 이해의 폭도 커집니다. 중요한 것은 샛길로 빠졌다가 다시 제대로 돌아와야 합니다."

(하시모토 다케시)

하시모토 다케시 선생은 아이가 노는 감각으로 배울 수 있게 방향을 잡아주는 것, 아이가 재미를 느껴 스스로 '한번 해볼까?' 하는 마음으로 다가갈 수 있는 분위기와 환경을 만들어주는 것이 중요하다고 했다. 이런 재미를 느끼게 해주는 활동 중

하나가 바로 샛길 활동이다. 아이들이 자연스럽게 뭔가에 흥미를 보일 때, 그것을 따라가는 것이다.

단어 하나라도 제대로

천천히 읽는다는 것은 많은 것을 알아내기 위한 것이 아니다. 무엇보다 꼭 다루어야 하는 주제나 단어가 있다면 그것을 깊고 정확하게 파고드는, 연구자와 같은 과정을 중요시하는 독서법이다. 하시모토 다케시는 〈은수저〉로 수업할 때 각각의 학생들에게 연구 노트를 작성하도록 했다. 다양한 내용이 들어가는 이 노트에서 중요한 것 중 하나는 '단어의 의미'를 찾는 것이다. 그는 학생들이 이해하기 어려운 문장의 의미와 설명이 기재된 연구 노트의 내용을 잘 기억하고 암기하도록 학생들을 독려했다.

　글을 읽고 이해하는 능력인 문해력은 단어를 정확히 이해하는 것에서 시작된다. 단어를 공들여 찾고 공부하면 할수록 이해가 빨라지는 건 당연한 이치다. 그러나 단순히 단어의 뜻만 아는 것으로는 부족하다. 반대어, 파생어, 유의어, 어원 등등 단어 하나를 가지고 알 수 있는 다양한 가지치기를 하고 그 단어를 가지고 놀 수 있는 활용과 쓰임까지도 연결할 수 있는 여유를 가질 때 비로소 편하게 글을 읽고 쓸 수 있는 것이다.

교과서를 버리고 〈은수저〉로 수업을 시작한 하시모토 다케시 선생은 책 속의 어려운 단어의 뜻을 찾아 정리한 연구 노트를 개발하고 제작하여 학생들에게 제공했다. 이는 그만의 '슬로리딩 연구 노트'였고 아이들이 재미있게 다양한 샛길로 빠질 만한 요소들을 풍성하게 포함하였다. 이 책은 학생들이 슬로리딩을 실천하고 즐길 수 있도록 돕는 훌륭한 안내서가 되었다. 그의 〈은수저 연구 노트〉에 정리된 슬로리딩 공부법은 다음과 같다.

단계	활동
1. 통독	각 문장을 끝까지 읽은 후 모르는 한자를 조사한다. 그리고 한자 읽는 법을 찾아본다.
2. 주제	각각의 문장이 무엇에 대해 쓰고 있는지 생각해 보고 스스로 각 장의 제목을 정해 본다.
3. 내용 정리	장별로 어떤 내용이 어떤 순서로 적혀 있는지 정리해 본다.
4. 단어의 의미	연구 노트에 이해하기 어려운 문장의 의미와 설명이 기재되어 있으므로 잘 기억할 수 있도록 암기하는 노력을 한다.
5. 주의할 문구	미리 뽑아 놓은 문장에 등장하는 단어의 의미와 쓰임 등을 설명해 본다. 누구나 알고 있는 단어도 있지만 어려운 단어도 있으므로 스스로 조사해 보거나 친구들과 의견을 나눠본다.
6. 단문 연습	앞의 '주의할 문구'에서 찾아 놓은 단어를 이용해 단문을 몇 개 만들고 그중 하나를 적어둔다.
7. 감상	문장의 표현 방식이 훌륭하다고 생각하는 부분을 옮겨 적는다. 그리고 어떤 부분에서 감동받았는지 생각해 본다.
8. 참고	연구 노트에 이미 적혀 있는 내용과 관련된 다양한 정보를 잘 읽고 필요한 부분은 외워 둔다.

출처: 〈슬로리딩, 생각을 키우는 힘〉, 하시모토 다케시

한 권의 책을 같이 읽어도 독자마다 더 자세히 알아보고 싶은 단어, 관심이 가는 주제가 각각 다르다. 스스로 선택한 주제를 깊고 넓게 찾는 과정이 더해지면 전문성은 높아지고 그것을 다른 사람들과 나누면 모두가 그 지식을 나누어 가질 수 있다. 영어 교사들과 함께하는 S.R.G.T(Slow Leaders, Great Teachers)의 모임에서는 발제 노트를 직접 개발해서 공유하였다.

순서는 세 단계다. 첫 단계는 각자 맡은 파트에서 중요하게 다루어야 할 주제나 키워드를 선정해 단어나 표현 중심으로 자세히 알아보는 'Language itself' 단계이다. 책 내용을 깊게 살펴보고 생각할 거리를 제안하는 두 번째 단계는 'Into the book' 단계이다. 마지막 단계는 자기 생각이나 영화, 음악, 문학작품 등 세상의 모든 것들과 연결하여 수업 활동이나 샛길 활동을 제안하는 'Link to the world' 단계이다.

영어 수업 시간에는 〈Learning Journal〉이라는 것을 수업 끝에 적도록 했다. 오늘 수업에서 배운 것 중 더 알고 싶은 것, 좋아하는 주제나 문장을 활용하여 자신의 이야기를 쓰도록 유도하기 위한 것이었다. 이런 과정을 통해 배운 것을 자신이 속한 지역사회와 삶에 적용하여 활용하도록 했다. 가족과 같이 책을 읽고 활동하는 '경기도 꿈의 학교 책, 놀자!'에서는 각 가정의 개성이 드러난 '가족 독서록'을 만들어 독서 활동을 꾸준히 기록하도록 했다. 일 년에 한 번씩 각 가정의 독서록을 '성장 나눔

발표회'에서 선보이고 서로 다른 활동과 기록을 나누고 공유할
수 있는 자리를 마련했다.

〈가족 독서록〉 가족과 함께하는 독후 활동을 기록하는 연구 노트

슬로리딩은 속도에 대한 부담을 버리고 책의 내용과 의미에
중심을 두는 독서법으로 진정한 배움을 통해 변화를 만들어 내
는 과정이라고 볼 수 있다. 천천히 가는 과정에서 내가 몰랐던
것을 발견할 수도 있고, 흥미와 재미가 담긴 어떤 소재를 찾을
수도 있다. 그 흥미와 재미를 자연스럽게 따라가다 보면 다양한
경험을 하게 되고 또 다른 책으로 연결되는 샛길 활동으로 이어
진다. 역동적인 앎의 과정이 완성되는 것이다. 이런 과정을 통해
누구나 책 읽는 것 자체에 흥미를 느낄 수 있고 배움의 즐거움
을 맛볼 수 있다. 이것이 슬로리딩만의 매력이다.

샛길 독서, 꼬불꼬불 돌아가는 재미가 있다

슬로리딩은 속도에 얽매이지 않고 호기심이 있는 곳, 모르는 곳에 멈추고 충분히 생각하고 알아가는 과정을 존중하는 독서법이다. 책을 읽으며 생기는 내 안의 변화에 주목하고 배움의 과정을 충분히 즐기는 읽기라고 할 수 있다. 천천히 읽기를 하는 과정은 소리 내어 읽고 책의 내용을 이해하는 수용의 과정을 거친다. 또한, 호기심이 생기는 단어나 문장, 궁금증이 생기는 사건이나 상황을 만나면 멈춰서 적극적으로 찾아보고 곰곰이 생각하는 시간을 허락한다. 마지막으로 책 속에서 발견한 장소, 체험, 실제 대상 등을 찾아내어 체험하고 살펴보는 적용의 시간을 샛길 활동으로 채운다.

이러한 일련의 활동은 책 속 내용을 더욱 공고하게 이해할 수 있도록 도와준다. 문자로 읽고 머리로 이해하는 것으로 끝나지 않고 나와 관련된 사건, 경험과 추억이 되도록 만들어준다. 이는 새로운 생각을 이끌어 내고 자연스럽게 글쓰기로 연결하는 통로가 되어준다. 이처럼 샛길독서는 단계별로 천천히 독서에 집중할 수 있도록 샛길로 이어지는 독서의 순서와 방법을 직접 실천해 보고 개발한 것이다.

〈천천히 책을 읽는 방법〉

step 1.
: 책을 소리 내어 읽고 음미하는 수용의 시간 (음미)

step 2.
: 호기심과 궁금증을 따라가는 탐색의 시간 (질문)

step 3.
: 샛길 활동으로 책과 세상을 연결하는 체험의 시간 (체험)

step 4.
: 책과 질문, 체험을 내 생각으로 연결하고 적용하고 글을 쓰며 성장하는 시간 (성장)

샛길독서를 하게 되면 저절로 책을 여러 번 읽게 된다. 지루할까 봐 걱정할 필요는 없다. 읽을 때마다 목적과 방법이 달라지기 때문이다. 예를 들어 처음 책을 읽을 때는 내용 이해에 초점을 두어 읽는다. 어려운 단어나, 인상적인 문장이 있더라도 밑줄만 긋고 빠르게 읽어내는 것이다. 두 번째 읽을 때는 그 어려운 단어를 샅샅이 조사하며 읽는다. 그러면 단어의 다양한 뜻을 맥락과 상황에 맞게 더 깊이 이해할 수 있게 된다.

때로는 밑줄 친 문장을 공책에 필사하면서 그 문장과 관련된 생각과 질문들을 적어본다. 그러면 또 다른 생각의 문이 열려 새로운 질문이나 정보를 찾아볼 수 있는 지적인 호기심이 발동한다. 여기에 더해 책에 나온 사실이나 정보를 알려주는 강의를 찾아 듣거나 관련된 책이나 자료를 더 찾아 읽기도 한다. 관련 지식과 정보를 찾기 위해 박물관이나 미술관 등을 검색해 직접 찾아가 보는 것도 어렵지 않게 시도해 볼 수 있다.

이렇게 단순히 책 읽기로 시작한 활동은 방대한 지식 탐구와 탐험 활동의 세계로 진화할 수 있다. 이렇듯, 슬로리딩을 하면 때로는 연구자로, 때로는 탐험가로, 때로는 리더로 샛길 활동을 하며 역동적인 독서를 즐길 수 있다.

1. 생각 샛길
: 연구자처럼 한 곳을 깊게 파 내려가다

생각 샛길은 책을 읽다가 모르는 단어, 문장 정보를 샅샅이 찾아 연구자처럼 깊게 책을 읽는 방법이다. 연구자 같은 책 읽기를 하기 위해서는 자신의 호기심, 생각의 단서를 놓치지 않는 것이 중요하다. 궁금한 것에 대해 백과사전이나 사전을 찾아보고, 인터넷을 검색하거나 도서관에 가서 관련 도서와 자료, 논문 등을 조사하고 그것을 정리하고 기록한다. 의문이 드는 것에 대해 자료를 찾고, 친구나 가족들과 하브루타로 질문을 나누고 생각을 확장하는 과정을 통해 나이에 상관없이 누구나 연구자처럼 깊은 책 읽기를 할 수 있다.

2. 체험 샛길
: 탐험가처럼 세상을 몸으로 느끼다

책과 관련된 사실, 정보, 장소 등을 직접 찾아가 보고 체험하며 책을 읽는 방법이다. 세상의 지식을 탐험하고 직접 경험하는 탐험가처럼 책을 읽는 것이다. 이를 위해서는 상상력과 실행력이 중요하다. 책을 읽다가 궁금한 것을 글로 찾아보는 것에 멈추지 않고 몸을 움직여 직접 체험하는 것이다. 관련 장소를 직접 가보는 체험은 물론, 견학이나 여행도 모두 포함된다. 또한 요즘은 직접 체험뿐만 아니라 디지털 기술을 기반으로 한 코딩, AI, 챗GPT, 가상현실 등 실제 경험에 버금가는 간접 체험도 경험할 수 있게 되었다.

3. 작가 샛길
: 새로운 생각을 꿈꾸게 하다

책의 내용을 새로운 지식과 연결하고 깊이 탐색하며 샛길을 넘나들어도 잊지 말아야 할 것은 있다. 그것은 바로 원래 읽고 있던 책으로 반드시 돌아와야 한다는 것이다. 이것은 가야 할 방향과 목표를 잃지 않는 리더의 모습과 닮았다. 동시에 그 어떤 샛길도 결국 내 생각과 연결하여 자신의 진로와 성장의 지표로 삼아야 한다는 점을 잊으면 안 된다. 책이 보여주는 새로운 세상이 내 생각과 글로 정리될 때 내 삶의 리더로서 진정한 샛길 활동이 이루어졌다고 볼 수 있다.

4. 디지털 샛길
: 시간과 공간을 넘어 세계로 통하는 새로운 길

현재 우리가 사는 세상은 두 개로 존재한다. 하나는 우리가 실존하는 세계, 오프라인 세상이고, 다른 하나는 디지털, 온라인 세상이다.

최근 생성형 AI와 같은 혁신적인 기술들은 우리가 접할 수 있는 세계의 폭을 더욱 넓혀주고 있다. 코로나19 감염병이 유행했을 때 우리는 대면 만남 대신 온라인 줌을 통해 소통을 이어갈 수 있었다. 인터넷을 통해 언제 어디서든 원하는 정보를 얻을 수 있음은 물론이고, AR(증강 현실)과 VR(가상 현실) 기술의 발전으로 세계 여러 나라의 다양한 문화와 유산을 직, 간접적으로 탐험할 수 있게 되었다.

디지털 도구는 샛길독서의 새로운 길을 열어주었다. 어려운 고전을 읽다가 낯선 단어를 만나면 클래스 카드와 같은 앱을 통해 그 단어들을 익히고 연습할 수 있었고, 코딩을 통해 독서 골든벨을 만들어볼 수도 있게 되었다. 또한, 책 속 캐릭터를 엔트리 같은 프로그래밍 도구로 자신만의 아바타로 구현할 수도 있다.

최신 디지털 저작 도구 덕분에 복잡한 기술도 쉽게 익혀 자신만의 온라인 세상을 구축하고 확장해 나갈 수도 있다.

이러한 활동은 책을 읽는 경험에 최상의 기술력을 제공해 아이들의 상상력과 창의력에 날개를 달아준다.

책을 통해 연결되는 디지털 세계는 무한히 넓고 광대하다. 그 속에서 아이들은 새로운 가능성을 발견하고 각자의 샛길을 만들어 가며, 미래 사회에서 필요한 역량을 갖춘 인재로 성장할 수 있을 것이다.

샛길독서는 책 속의 호기심과 궁금증을 따라가며 천천히, 꼬불꼬불 재밌는 방법으로 아이들에게 다가간다. 이런 과정은 학습과 교육이라는 무거운 의도는 드러내지 않으면서 아이들이 휴대폰이나 영상보다 책과 더 친해지도록 만든다. 이처럼 아이들에게 즐거움과 흥미를 주는 다양한 샛길 활동을 존중하고 즐기는 독서법이 바로 '샛길독서'인 것이다. 지금부터 그 생생한 샛길독서의 여정에 독자들을 초대하고자 한다.

part 3

여

정

함께 가는 샛길독서 여행

슬금슬금
다가가기

STEP 1.

조심스럽게 시작한 엄마들과의 독서 모임은 주민센터를 빌려 2
주에 한 번씩 진행되었다. '공부하는 엄마, 성장하는 아이'라는
모임명으로 각종 교육서와 독서법, 육아서, 교양 도서를 찾아
읽으며 6년간 운영하였다. 지금 기억에 남는 책만 해도 30여 권
이 넘는다. 만나서 책을 읽고 각자의 경험과 생각을 나누는 시
간은 생각보다 재밌었다. 책을 읽는 것은 부담스럽다고 다들 앓
는 소리를 했지만, 막상 이야기를 시작하면 너나 할 것 없이 말
하느라 1~2시간은 훌쩍 지나 있었다. 모임을 시작하고 5개월
쯤 시간이 흘렀을까? 조금 더 욕심이 나기 시작했다.

"이제 우리도 책으로 배운 것을 아이들에게 한번 실천해 보
면 어떨까요?"

육아 교육서에서 배운 것들을 아는 것에 그치지 않고 직접 우리 아이들에게 적용해 보고 싶었다.

'혼자는 힘들지만, 함께하면 가능하지 않을까?'

마침, 곧 여름방학이기도 해서 아이디어를 냈다.

"우리 아이들과 독서캠프를 한번 해볼까요?"

혹시나 하며 엄마들의 의견을 묻는다. 다행히 다들 좋다며 너도나도 십시일반 힘을 보태서 일사천리로 일이 진행되었다. 첫 번째 독서캠프는 책을 읽고 그 내용을 아이들의 음성으로 녹음하고, 녹음한 내용에 맞춰 그림을 그린 후 한 편의 영상으로 완성하는 '영상 책 만들기 미션'이었다. 모임에 참가하지 않았던 친구들까지 초대해서 3일 동안 진행한 이 프로그램은 이틀 만에 스무 명의 신청자가 다 채워질 정도로 인기가 좋았다.

이렇게 독서와 모임, 마을 품앗이 교육은 시작되었다.

언제 어디서든
책과 함께라면

책을 읽기 시작했다면 장소를 도서관이나 집으로 한정 지을 필요는 없다. 야외로 책을 들고 나가 보자. 신선한 바람과 탁 트인 시야, 나무 그늘 아래 책을 펴고 읽으면 아이에게도 어른에게도 신선한 경험이 된다. 샛길독서는 시간과 공간 모든 면에서 자유

야외독서 장면

공원에서도

답답한 집을 벗어나 집에서 멀지 않은 〈서서울 호수공원〉에 갔어요. 캠핑 의자 펴놓고, 과자 먹으며, 호수 바람 맞으며…. 함께 성독하고, 책을 읽으니 또 색다른 기분으로 책에 빠져들었습니다.

• 태환이네 가족

캠핑장에서도

캠핑하러 와서 야외독서를 해보았어요. 〈그 많던 싱아를 누가 다 먹었을까〉 6, 7챕터를 함께 살펴보다가 일본의 강제징용, 군함도 등등 역사에 대해 더 알아보았습니다.

• 지윤, 지아네 가족

남이섬에서도

별장처럼 일 년에 두세 번 가는 호텔에서도, 남이섬에서도, 야외에서도 그리고 잠자기 전 침대에서도 읽었어요.

• 다예네 가족

롭다.

　이렇게 생활에서 독서를 쉽게 경험할 수 있도록 집을 나설 때 가족이 같이 읽을 책 한 권을 가방 속에 넣어보자. 지루한 지하철에서 책을 꺼내 읽는 엄마를 본다면, 버스를 기다리는 정류장에서 시집을 꺼내 읽는 아빠를 본다면, 아이들도 자연스럽게 책을 들고 읽게 되지 않을까. 의미 있는 시도가 될 것이다.

소리 내어 읽는
성독(聲讀)의 재미

읽는 것, 그 자체로는 재미가 없을 수도 있다. 그러나 소리 내어 읽는 것은 조금 다르다. 육성이 전해주는 힘이 있다. 엄마가 아이에게 책을 읽어주는 행위는 단지 지식을 전달하는 것뿐 아니라 정서적인 안정과 스킨십을 통한 유대감 향상 등 눈에 보이지 않는 심리적 효과를 거두기도 한다. 어릴 적 시골집 온돌방에서 할머니 무릎을 베고 누워 들었던 옛이야기의 기억, 그 속에 담긴 사랑의 메시지는 목소리를 통해 편안하게 마음속에 스며든다. 실제로 책을 잘 읽는다는 것은 구두점과 표현, 어휘 등을 이해하고 억양과 감정을 살려 입으로 말하는 총체적인 감각이 동원되는 활동이다. 이번 장에서는 책을 천천히 읽는 다양한 방법에 대해 알아본다.

샛길1 | 돌아가며 읽기

초등학교 저학년은 책을 또박또박 읽는 것 자체가 중요한 활동이다. 가족이 모여 같은 책을 펼쳐두고 돌아가며 책을 읽어보자. 소리 내어 책을 읽는 성독을 돌아가며 하면 아이들은 부모를 통해 읽는 법을 배운다. 쉼표에 띄어 읽고, 부모님의 발음을 듣고 자신이 모르는 단어나 틀리게 읽는 단어를 수정해서 읽고 배우는 시간을 가질 수 있다. 게다가 부모의 다정한 목소리로 들은 이야기는 오래도록 기억에 남을 것이다.

친구들과는 짝 읽기를 하면 어떨까. 가위, 바위, 보로 짝과 순서를 정한다. 이긴 사람이 원하는 순서를 정하고 한 사람은 홀수 쪽, 다른 한 사람은 짝수 쪽을 읽는다. 운 좋게 한 쪽에 그림이 나오거나 빈 페이지가 나오면 그렇게 신이 날 수 없다.

샛길2 | 역할 정해 읽기

가족 독서를 한다. 오늘은 〈수일이와 수일이〉를 읽는 시간. 아빠는 주인공의 아빠, 엄마는 엄마, 첫째는 수일이, 둘째는 친구, 막내는 쥐. 각자 역할을 정해 글을 읽으면 재미는 쑥쑥, 시간도 금방 간다. 이야기 속 주인공이 우리 집 가족이 되어서 한동안 장난치며 노는 것도 재밌다.

읽기만 하는 성독이 재미없다면 돌아가며 책을 읽고 녹음을 해보자. 배역을 정해 목소리를 성우처럼 바꾸어 읽으며 녹음해도 좋고 페이지를 나누어서 오디오북을 만들어도 좋다. 녹음된 파일은 가족이 함께 차를 타고 이동할 때 같이 들으면 긴 여행의 지루함을 날려줄 것이다.

온라인 성독 릴레이는 방학 동안 만나지 못하는 '책, 놀자!' 친구들에게도 요긴하게 쓰였다. 혼자서 읽기 힘든 책을 서로 지목하며 읽는 것이다. 친구들의 목소리를 듣고 다음 페이지를 녹음하는 활동은 알게 모르게 읽기의 즐거움을 더해주었다. 나중에는 친구들의 목소리를 모아 하나의 오디오북으로 연결해서 들으며 게임도 할 수 있다. 장시간 차를 타고 여행하는 중에 '누구 목소리인지 맞히기' '책 속 내용에 대해 퀴즈 내기' 등으로 활용하면 매우 좋다.

가족과 친척, 친구 등 다양한 사람들이 성독하고 녹음해서 완성된 오디오북은 특별한 의미가 있다. 녹음하는 장면을 상상해 보면 알겠지만, 누군가 녹음한다고 하면 주변 사람들은 모두 조용히 그 사람의 목소리를 듣게 된다. 활동의 목표는 녹음이지만 참여하는 사람들 모두가 자연스레 경청하게 된다. 이렇게 긴 이야기를 성독하고 녹음하고 듣고 확인하는 활동을 통해 반복

해서 긴 이야기를 듣는 인내심, 친구나 가족 간의 유대감도 더불어 얻는다.

단어 하나도 깊게 넓게,
단어 샛길

샛길독서의 힘은 천천히, 작은 것도 놓치지 않고 가는 것에 있다. 첫 번째는 읽는 것 그 자체고, 두 번째는 단어다. 단어는 어휘력을 만드는 기초가 되고 어휘력이 모여 독해력, 독해력이 모여 자기 말을 쓸 수 있는 문장력이 된다. 작가는 글을 쓸 때 작은 단어 하나, 문장 한 줄에도 공을 들여 쓴다. 적재적소에 꼭 필요한 말을 쓰는 것은 작가의 핵심적인 능력이라고 해도 과언이 아니다. 그렇다면 한 단어, 한 문장에 오래 머물러 그것을 제대로 보고 알게 되는 과정은 작가의 의도에 다가가는 지름길이 될 수도 있지 않을까. 책을 읽으면서 단어를 재밌게 익힐 수 있는 몇 가지 방법을 소개해 본다.

사전/검색 활용하기

가장 기본이면서도 좋은 방법은 사전을 이용하여 단어의 뜻을 찾는 것이다. 단어와 관련된 그림을 그리거나 파생어나 짧은 글짓기를 연결해서 어휘력을 확장하면 장기 기억에도 도움이 되고 어휘력 향상에도 좋다. '책, 놀자!'에서 단어장 양식을 만들어 꾸준히 작성할 수 있도록 하였다. 고전이나 책 읽기를 어려워하는 초등 저학년생들은 단어와 어휘, 표현에 초점을 맞추어 샛길 활동을 하는 것이 좋다.

샛길독서 기록장 (부록, 양식1)

〈슬로리딩〉 과수친을 심경하라를		읽고

요 일	주요 등장인물	책을 읽은 소감을 한줄로 쓰기
2021년 (3)월 (27)일	호피, 대장오지, 봉애리, 항쥐, 할머니, 임꼬마, 조상, 나무귀신, 외롭새기, 가치, 나무꾼, 뽕가지씨	단편 단편이 모두여져 있어서 읽을때 재밌었다.

1. 새롭게 알게 된 단어

단어	단어 뜻	그 단어로 문장쓰기
고수레	음식을 먹기 전에 먼저 조금 떼어 고수레하고 하면서 던지는 행위	나는 큰 나무 아래 머다가 고수레를 한다.
함지박	통 나무의 속을 따내서 만든 목관기	우리집에 함지박이 많다.
졸개	잔심부름을 하는 부하	나는 졸개가 필요하다.
자맥질	팔 다리를 놀리며 떴다 줌 졌다 하는것	해녀들이 자맥질을 한다.
궤짝	귀중품이나 중요 문서를 보관하는함	우리집 창고에는 궤짝이 있다.
솔개	매목 수리과의 조류	우리집 근처 산에는 솔개가 산다.
악다구니	기를 써서 다투며 욕설 함	오늘 나는 친구와 악다구니하며 싸웠다.
토박이	그 땅에서 나서 오래도록 좋아나려 오는 사람	우리할머니께서는 토박이 이시다.
듬직스럽다	무뚝뚝한 기색이 있다.	오늘 친구가 듬직스럽게 말해서 싸웠다.

클래스 카드 앱(www.classcard.net) 활용하기

클래스 카드 앱은 영어교육을 위해 만들어진 앱인데 최근 그 활용과 범위가 커지고 있다. 앱에 가입하고 원하는 책의 제목을 검색해서 미리 만들어진 단어장을 활용해도 되고 직접 만들어서 사용해도 된다. 처음에는 부모님이나 선생님이 만들어 주고 학생이 가입해서 연습해도 좋고, 이후 스스로 단어장을 만들어 사용하도록 유도해도 좋다. 암기-리콜-스펠 세 과정을 이용해서 단어 연습을 할 수 있고, 휴대전화를 이용해 언제 어디서든 할 수 있다. 게임 형식으로 되어 있어서 아이들이 쉽게 단어를 익히는 데 도움이 된다.

〈클래스 카드〉 단어 활동의 예

암기학습 　　　 리콜학습 　　　 스펠학습 　　　 테스트

단어 카드 활용하기

가족이 모두 모여 이번 주에 읽을 책을 펴고 모르는 단어를 적는다. 1인당 개수를 정해 찾아서 적어도 되고 모르는 단어를 모두 적어도 좋다. 앞면에는 단어를, 뒷면에는 뜻을 찾아서 적는다. 또는 클래스 카드 앱에 미리 설정된 단어 카드를 출력해서 단어 게임을 해도 된다. 단어 카드를 만들어 두면 활용할 수 있는 활동이 많다.

〈단어 카드로 어휘력 상승 게임 하기〉

1. 단어만 보고 뜻 맞추기, 뜻 보고 단어 맞추기
2. 맞으면 단어 카드 가져가기
3. 많은 단어 카드를 획득한 사람이 우승
4. 가져간 단어로 돌아가며 짧은 글짓기
5. 짧은 글짓기에 쓴 단어 카드는 내려놓기
6. 가장 빨리 단어 카드가 사라진 사람이 우승

하나의 단어를 더 깊이 파고들기

같은 책을 읽어도 아이마다 관심 분야는 각자 다르다. 자신이 관심이 가는 생물이나 단어, 물건 등에 잠시 머물러서 더 깊이 찾아보고 조사하는 활동은 단어에 대한 포괄적인 이해를 돕고 관련된 단어와 각 단어의 파생어, 유사어 등을 알게 되어 문해력과 독해력 향상에 큰 도움이 된다. 관심이 가는 그곳에 머물

〈단어 샛길〉 가족 활동

러 잠시 더 살펴보고 알아보는 것, 아이가 관심을 보이는 작은 그 무엇에라도 일단 멈추는 것이 중요하다. 자연스럽게 새로운 정보와 지식으로 연결해 내는 순발력과 민감성은 샛길 활동에 꼭 필요하기 때문이다.

호기심을 따라가는
질문 샛길

질문을 통한 책 읽기는 전혀 생각지도 않았던 곳으로 나의 의식을 확장해 주기도 하고 어떤 주제에 더 깊숙이 빠져들게도 한다. 생각의 길을 열어주는 '질문의 힘'이란 이토록 크다. 오늘날 금융, 문화 등 다양한 분야에서 두각을 나타내고 있는 유대인의 힘은 바로 이 질문하기에서 나온 것이다. 그들은 대답을 평가하지 않고 질문을 평가한다. 정해진 답을 찾는 게 아니라 스스로 질문을 창조해 한 차원 높은 사유를 하는 것이다. 독서 활동을 하면서 다양한 질문을 통해 재미있는 생각들을 끌어낼 수 있었다. 샛길 활동을 통한 여러 시도와 도전 끝에 이토록 중요한 질문을 유형별로 정리할 수 있었다.

박완서의 〈그 많던 싱아는 누가 다 먹었을까〉를 읽은 뒤 나누었던 질문을 예시로 간단히 설명해 보았다.

〈질문 유형 1〉

1. 꼼꼼 질문 (사실 질문): 단어 뜻이나 사실, 육하원칙에 의한 질문

   예시) 엄마가 오빠와 서울에 가게 된 계기는 무엇일까?

2. 곰곰 질문 (생각 질문): 느낌, 비교, 의견, 장단점 등에 대한 질문

예시) 엄마가 문 안에서 살았다면 완서를 서울에 일찍 데려왔을까?

3. 라면 질문 (적용 질문): 상대 혹은 나를 포함한 우리 삶에

적용하는 질문 (만약 나라면?)

예시) 내가 엄마라면 완서를 서울에 데려갔을까?

〈질문 유형 2〉

1. 닫힌 질문: 답이 1개인 질문, 사실에 근거한 질문

예시) 완서가 서울에 와서 처음 살게 된 동네는?

2. 열린 질문: 각자 다른 답이 나올 수 있는 질문

상대의 생각이나 의견을 묻는 질문

예시) 내가 완서라면 엄마와 서울에 갔을까?

하브루타로 질문하기

처음에는 어른들이 만들어 준 질문과 비슷하게 하다가 점점 회를 거듭할수록 아이들은 스스로 질문을 하는 실력이 늘어간다. 질문을 잘 만들 수 있다는 것은 책의 내용을 온전히 이해했다는 것이다. 또한 어떤 내용이 지식이고 어떤 내용이 생각인지 구분하여 질문으로 만들 수 있는, 상위 차원으로 능력이 향상되고 있음을 보여주는 증거이기도 하다.

질문하고 답하는 것이 점점 재미있어지면 다른 활동으로 변형도 가능하다. 가족끼리 카톡을 활용하여 대화하듯 이야기를 만들거나 카톡이나 포스트잇을 활용하여 독서 퀴즈 게임으로 연결하면 더욱 흥미로워진다.

'체험 먼저, 책은 나중에'
거꾸로 샛길

초등학교에 입학하게 된 막내는 학교에 대한 설렘과 기대로 가득했다. 그래서인지 자신만의 독서 모임을 만들어 달라고 졸랐다. 그래서 초등학교 1학년 독서 품앗이 모임, '도란도란 책 친구'가 만들어졌다. 큰아이 때처럼 1학년 엄마들이 모인 단톡방에 모임 제의를 하고 단출하게 세 집, 네 명의 아이들이 모였다. 초등학교 1학년이니 자연을 관찰하고 체험하는 생태 수업을 중심으로 독서 활동을 꾸려보자는 의견에 모두 동의하여, 한 달에 한 번씩 생태 수업에 참여했다. 근처 생태공원에 방문하여 나무, 새, 곤충들을 관찰했다. 직접 눈으로 보고 선생님의 설명을 듣고, 더 알고 싶은 곤충이나 식물에 대해 책을 찾아보고 새롭게 알게 된 사실을 글로 쓰고 친구들과 공유하게 했다.

이렇게 체험 전에 책을 먼저 읽어야 한다는 고정관념을 깨고 순서를 바꾸어 '체험 먼저, 독서는 나중에' 거꾸로 샛길 활동을 해도 좋다. 부모님들이 책 선정을 하느라 고민할 필요 없이 아이들이 수업이나 체험을 먼저 하게 하고 이후에 관심을 보이는 주제나 대상을 찾아서 따라가는 샛길 체험도 재밌다.

	샛길 활동	활동 방법
1단계	생태공원 수업 듣기	생태공원의 식물, 곤충, 동물을 관찰하고 선생님의 설명을 듣는 시간
2단계	경험한 것 그림일기 쓰기	생태공원에서 느끼고 배운 것을 그림일기로 정리하는 시간
3단계	꼬리물기 독서	좀 더 알고 싶은 것(곤충, 동물, 식물)에 대해 책을 찾아 읽고 친구들에게 알려주는 시간

샛길1 | 생태공원 수업

주제 1. 물속에 사는 생물들

한 달에 한 번 생태 수업은 매달 주제가 바뀐다. 이번 주제는 '물속에 사는 생물들'이다. 맑은 날씨만큼이나 생태공원에 생물들도 많아서 가는 길에도 활짝 핀 꽃과 아름드리나무, 풀벌레와 잠자리 등 구경하고 관찰할 것이 많다. 선생님의 안내에 따라 여러 가지 곤충들의 이름을 알아보고 실제 생물도 관찰한다. 잠자

생태공원 수업

<물 속에 사는 생물들>

생태 수업 그림일기

리도 종류가 엄청 많다. 물잠자리, 아시아실잠자리, 긴무늬왕잠자리, 왕잠자리, 밀잠자리 등….

주제 2. 가을에 알을 낳는 거미

10월에 만날 자연 속 친구는 거미다. 가을이 한창인 공원은 키가 쑥 자란 갈대며 풀들이 연못에 물이 안 보일 정도로 꽉 찼다. 여기저기 노랑, 빨강, 주황으로 물드는 나뭇잎이 너무 아름답다. 오늘 만난 선생님은 밝게 웃으시며 아이들의 수준에 맞게 이해하기도 쉽게 잘 설명해 주신다.

거미는 가을이 되면 겨울을 준비하기 위해 알을 낳고 따뜻한 곳을 찾아 몸을 숨긴다고 한다. 평소 같으면 지나쳤을 거미고 알이지만 오늘따라 눈에 많이 띈다. 나뭇결에 알을 낳고 거미줄로 꽁꽁 싸매어 알을 보호한다고 한다. 가끔 새나 벌레들이 쪼아 알이 쏟아지기도 하지만 늘 외부의 공격에 취약한 벌레들은 알의 수를 대량으로 낳아 그중 조금이라도 살아남게 한다는 것도 알게 된다.

오늘 안터생태공원에서는 노랑염낭거미, 늑대거미, 말꼬마거미 등을 보았다. 선생님이 하나하나 설명해 주고 특징을 말씀해 주시니 귀에 쏙쏙 들어오고 금방 잊어버리지도 않는다. 알을 꺼내서 볼 수는 없으니 숨겨져 있는 알을 책 속 그림으로 관

거미 관찰 수업

찰한다. 노랑염낭거미는 이파리 뒤에 작은 주머니를 만들고 그 안에 알을 낳고 어미는 그 속에서 죽는다고 한다. 거미나 사람이나 모성애는 목숨을 걸 만큼 크고 깊은가보다. 거미는 암컷은 크고 수컷은 작다고 한다. 때때로 수컷은 짝짓기하다가 잡아먹히기도 해서 짝짓기를 하고는 금방 도망치기도 한단다.

호기심 가득한 아이들과 이렇게 생태 수업을 듣는 건 늘 즐겁다. 우리 곁에 있는 자연을 세세히 관찰하고 알아가는 재미를 체득해가는 아이들의 모습이 이쁘고 대견하기만 하다. 자연에 대한 관심과 공감의 기억을 오래도록 간직했으면 좋겠다.

독서 일기

제목 | 늑대거미를 봤다 | 문현서

오늘은 안터생태공원에 갔다. 이번에는 거미를 배웠다. 우리는 무당거미
와 꼬마거미 또는 퀴즈도 풀었다. 그리고 늑대거미도 봤는데 늑대거미는
거미줄을 치지는 않는다고 선생님이 설명해 주셨다. 늑대거미는 사실 선
생님이 가져오신 통 안에 있었다. 거미는 빨리 나가고 싶었을 거다. 어쨌
든 생태공원에 가서 기분이 좋았다.

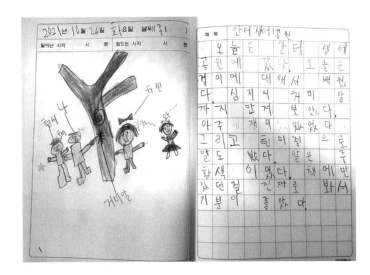

제목 | 안터생태공원 | 문현우

오늘은 안터생태공원에 갔다. 오늘은 거미에 대해서 배웠다. 심지어 거미 알까지 만져보았다. 아주 재미있었다. 그리고 현미경으로 알도 봤다. 알은 주황색이었다. 책에서만 있던 걸 진짜로 봐서 기분이 좋았다.

제목 | 생태공원으로 Go! Go! | 김유빈

생태공원에 갔다. 오늘은 거미를 배웠다. 거미줄도 만졌다. 느낌이 아주 조금 딱딱했다. 거미알도 봤다. 거미 중에서 늑대거미랑 무당거미랑 호랑 거미 여러 가지 거미를 배웠다. 그리고 거미가 너무 무서웠다.

이나연

오늘은 안터생태공원에 갔다. 거미알을 봤다. 신났다. 엄청 큰 거미도 봤다. 신기했다. 못 본 거미도 있지만 신났다.

078

생태공원에서 곤충에 대한 수업을 듣고 부쩍 관심이 높아진 막내는 우리 집 아파트 베란다 방충망에 걸린 매미를 보고 관심을 보인다. 책에서 보았고 생태 수업에서도 들었던 터라 더욱 호기심이 발동했나 보다. 빌려두었던 책을 꺼내 보고 아빠가 잡아주신 매미를 아래, 위로 관찰하며 참매미인지 유지매미인지 알아맞혀 보고 매미 소리도 따라 하고 그림도 그리며 경험을 풍부하게 채워나갔다.

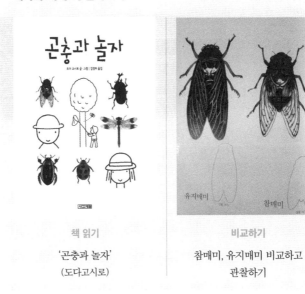

매미에 대해 더 알아보기

책 읽기

'곤충과 놀자'
(도다고시로)

비교하기

참매미, 유지매미 비교하고
관찰하기

소리 내 보기	그림 그리기
우리 집 베란다에 온 매미 친구를 관찰하고 소리를 듣고 따라 해보기	관찰한 매미를 직접 그려보기

거미에 대해 더 알아보기

책 읽기

'무섭지만 이로운 거미'
(신동일 글, 김태현 그림, 삼성당)

일기 쓰기

제목: 거미의 종류를 알아보아요.

거미는 3만 종이 넘는다. 여기는 내가 생각한 거미다. 그중 여기 있는 타란툴라는 거미 줄을 안 치고 독이 있다. 또 거미 중 가장 크다. (중략) (문현우)

야금야금
씹어먹기

"샛길독서를 어떻게 하면 좋을까요?"

　이런 질문을 받았을 때를 생각하며 이번 장을 구성했다. 한 권의 책을 다양한 샛길 활동과 연결하여 실천했던 내용을 여섯 권의 책을 중심으로 소개하고자 한다.

　책을 읽다가 재밌는 주제나 문장에 머물러 충분히 음미하고 생각해 보거나, 관련된 세상 속의 체험과 다른 책을 연결해 보는 활동을 하기도 한다. 때로는 '질문-체험-작가 샛길'로 넘나드는 다양한 샛길 활동을 하기도 한다.

　이번 장에서는 책 한 권을 빠르게 읽고 넘기지 않고, 꼭꼭 씹고 맛을 음미하며 천천히 읽을 수 있는 샛길독서의 다채로운 아이디어를 하나씩 펼쳐 보이려고 한다. 이 과정을 통해 독서에 깊이를 더하고, 더욱 풍성한 경험을 누릴 수 있는 샛길 활동의 재미를 찾을 수 있을 것이다.

〈가방 들어주는 아이〉
: 영택이의 마음을 따라가는 샛길

책 소개: 〈가방 들어주는 아이〉 (고정욱, 사계절)

'가방 들어주는 아이'는 초등학교 저학년 필독서로 많이 읽히는 책이다. 2학년이 되자 다리가 불편한 영택이의 가방 들어주는 일을 맡게 된 석우가 겪는 마음의 변화를 살펴보고, 주변 친구들과의 사건, 봉사와 희생, 그리고 우정에 대해 생각을 해볼 수 있는 동화이다. 이 책을 쓴 고정욱 작가도 소아마비 1급 장애인으로 살면서 비슷한 일을 겪었고 그 경험을 바탕으로 이 글을 쓰게 되었다고 한다.

#초등 #저학년 #친구 #장애 #우정

꼬불꼬불

샛길독서

샛길1 | 나의 가방을 소개합니다

책을 처음 만나는 날, 책의 내용으로 바로 뛰어들지 않는다. 책의 제목을 보고 그림을 보고 대화를 시작한다. 눈에 보이는 대로 하나씩 생각을 연결해서 질문으로 대답하고 유추하는 활동을 한다.

엄마: 이 책 제목이 뭐지?

아이: '가방 들어주는 아이'요.

엄마: 맞아. 아. 그러고 보니 앞에 있는 아이가 가방을 몇 개 메고 있지?

아이: 두 개요.

엄마: 왜 두 개일까?

아이: 뒤에 있는 아이가 다리가 아파서 그 아이 가방까지 들어주는 것 같아요.

엄마: 그런 것 같다. 근데 앞에 있는 아이 표정이 별로 좋아 보이지 않네. 왜 그럴까?

아이: 남의 가방까지 들어줘야 하니까 짜증이 나고 힘든 것 같아요.

엄마: 아. 맞아. 그럴 수 있겠다.

한 권의 책을 다 읽을 동안 계속해서 쓸 노트나 스케치북을 준비한다. 활동할 때마다 날짜와 페이지를 쓰고 독후 활동을 차근차근해 나간다. 이번에는 각자 자신의 가방을 묘사하고 내용물의 쓸모를 적어본 후, 완성한 것을 가족이나 친구들 앞에서 발표도 해본다.

	샛길 활동	활동 방법
1단계	가방 묘사하기	가방 생김새, 재료, 산 곳, 색깔, 감촉, 내용물, 주머니 위치, 크기 등을 자세히 묘사하고 그려보기
2단계	가방 속 내용물에 대해 생각해 보기	가방 속 이것은 왜 필요했을까? 어디서 왔을까? 무엇으로 만들어졌을까?
3단계	가방에 대한 생각 나누기	가족, 친구들 앞에서 자신이 그리고 묘사한 가방 설명해 보기

1. 가방 묘사하기

2. 가방 속 물건 추리하기

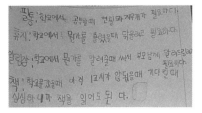

3. 가방 속 물건 추리하기

샛별 문방구 옆 골목을 빠져나오면 제일교회로 이어지는 큰길이 나옵니다. 우리 소 정육점, 뽀끄래 미용실 같은 가게들이 줄지어 있는 언덕길을 올라, 노랑 신호등만 깜박거리는 네거리에서 오른쪽으로 돌면 거기에 새한 마트가 있습니다. 새한 마트 앞에 다다르자, 바로 옆에 있는 파란 색 대문 집이 눈에 들어왔습니다. "저기요…"(18쪽)

석우가 영택이를 데려다주면서 길을 묘사하는 장면이다. 석우가 학교에서 영택이 가방을 들고 영택이네 집까지 가는 길이 자세히 그려져 있다. 아이들은 석우가 가는 길을 그림으로 그려 본다. 아이들이 집을 나가 학교로 가는 길도 석우처럼 똑같이 생각해 본다. 집의 현관문을 나서서 길을 나가서 어디서 신호등을 지나가고 어떤 가게나 건물을 지나쳐 가는지 머릿속에 등하굣길을 그려보고 말로 이야기해 본다. 친근한 가게와 건물 이름이 나오니 아이들은 신이 나서 서로 이야기하겠다고 손을 든다.

	샛길 활동	활동 방법
1단계	영택이네 가는 길 그려보기	석우가 영택이네 집에 가기까지의 과정을 찾아 읽어보고 그림으로 그려본다.
2단계	나의 등굣길 그리기	집을 나와 학교까지 가는 길을 길가의 큰 건물이나 상점 등을 이용하여 생각하고 묘사해서 말해본다.

	샛길 활동	활동 방법
3단계	우리들의 등굣길 갤러리	친구들이 그린 친근하고 재밌는 지도와 그림 묘사에 '하하 호호' 웃음꽃이 핀다.

영택이네 집 가는 길 지도 그리기

나의 등굣길 그리기

샛길3 | 나의 임무는요!

가방을 영택이 자리에 갖다 놓으면 그날 아침 석우의 임무는 끝납니다. 그리고 공부가 끝나면 또 영택이 가방을 집에 갖다 줍니다. 이런 일을 하루도 거르지 않고 해야 하는 게 석우의 임무입니다. (23쪽)

석우는 선생님이 시키는 대로 매일 등하굣길에 영택이의 가방을 들어주는 일을 한다. 오고 가는 길에 친구들의 놀림을 받아 약이 오를 때도 있고 축구를 하자는 친구들의 제안을 거절하고 임무를 완수하는 일은 힘들지만, 그 일을 묵묵히 한다. 석우의 부모님도 매일 늦은 시간까지 일을 하고 돌아오는 임무,

일을 열심히 한다. 우리들은 어떤 임무를 맡고 어떻게 하고 있는지 생각해 보고 말하고 적어본다.

	샛길 활동	활동 방법
1단계	석우의 임무를 말해보기	책에 있는 석우의 임무를 읽고 다시 말해본다.
2단계	우리들의 임무는?	'매일 내가 해야 하는 임무는 무엇인가요?' '내가 좋아하는 임무, 싫어하는 임무는 무엇인가요?' '우리 가족의 임무는 무엇이 있나요?' 생각해 보고 말해 보기

샛길 4 │ '마음' 따라가기

해가 많이 기울었습니다. 석우는 조금 불안했습니다. 너무 늦은 게 아닌가 싶었기 때문입니다. 그러다가 은근히 짜증이 났습니다. 영택이 가방 때문에 하고 싶은 축구도 마음대로 할 수 없다는 게 속상했습니다. (26쪽)

석우는 매일 자신이 맡은 임무를 열심히 하지만 때때로 놀리는 아이들 때문에 속이 상하기도 하고, 하고 싶은 축구를 맘껏 하지 못해 짜증도 난다. 그러나 영택이와 영택이 어머니는 늦게 온 석우를 탓하기는커녕 걱정하며 초콜릿을 주기까지 한다. 갑자기 미안한 마음이 든 석우는 앞으로는 빨리 가방을 갖다주고 축구를 해야겠다고 생각한다. 석우의 마음은 영택이를 만나고 가방을 들어주면서 새로운 기분과 감정에 사로잡힐 때가 많다. 이런 석우의 마음을 따라가는 샛길 활동을 하고 다양한 감정을 나타내는 말을 찾으며 게임을 해보면 어떨까?

	샛길 활동	활동 방법
1단계	마음 단어 따라잡기	1. 가족/친구들과 함께 순서를 정해 책을 성독한다. 2. 읽다가 감정이 나오는 단어가 나오면 다 같이 박수를 친다. 3. 가장 많은 감정 단어가 나온 페이지를 읽는 사람이 우승하는 게임.
2단계	석우 마음 따라가기	1. 1단계 게임에서 찾은 감정 단어를 찾아 적어본다. 2. 어떤 때 그런 마음이 들었는지 짧은 글짓기를 돌아가며 해본다.
3단계	석우의 감정 흐름 지도 그리기	석우의 감정을 나타내는 단어를 순서대로 찾아보고 시간 순서대로 적어본다.
4단계	감정 그림 카드 퀴즈	감정 카드를 이용해 감정을 설명하는 단어를 읽고 어떤 감정인지 맞추는 게임을 해본다.
5단계	연계 독서로 연결하기	'아홉 살 마음 사전'으로 감정을 조금 더 살펴보기

〈석우의 마음 따라가기〉

	석우의 마음	언제	나의 마음
1	짜증이 났다.	축구를 못할 때	친구가 내 말을 안 듣고 전화를 끊어버릴 때 짜증이 났다.
2	미안한 마음이 들었다.	축구하느라 가방을 늦게 가져다주었는데도 영택이와 어머니는 아무런 원망도 하지 않았을 때	내가 엄마한테 잘못을 했는데 엄마가 먼저 사과해서 미안했다.
3	날아갈 것처럼 기분이 좋았다.		

한 숟갈 떠서 입에 넣자, 달콤하고 향긋한 아이스크림이 살살
녹아내렸습니다. 시원한 아이스크림을 먹으니까 흐르던 땀이
쏙 들어가는 것 같았습니다. (52쪽)

책 속에 나오는 촉감, 맛에 대한 표현을 찾아본다. 책을 다시
읽으며 맛, 촉감이 들어간 단어를 찾아 말해본다. 가장 다양한
맛, 촉감 표현을 찾는 친구들이 우승. 요즘 초등학생들은 찰흙보
다 슬라임이나 클레이에 더 익숙하다. 석우처럼 찰흙을 만져보
고 물건을 만들어 보는 활동을 하면서 오감을 자극한다. 석우는
영택이의 가방을 들어주고 영택이 어머니가 주신 초콜릿, 아이
스크림의 달콤한 맛을 맛본다. 세상에는 다양한 맛이 있다. 여러
가지 맛 표현을 생각해 보고, 맛보는 활동을 해보면 어떨까.

	샛길 활동	활동 방법
1단계	맛을 표현하는 단어 따라잡기	책 속의 맛 표현 찾아 읽어보기
2단계	혀의 맛 지도 살펴보기	혀의 위치에 따라 느끼는 다른 맛을 찾아 적어본다.
3단계	신기한 혀를 가진 동물들	개미핥기, 카멜레온, 딱따구리 등 신기한 혀를 가진 동물들을 알아본다.
4단계	젤리빈 맛 복불복 게임	다양한 맛이 들어 있는 젤리빈을 먹어보고 맛을 표현해 본다.

오감 자극 활동

찰흙 만지며 촉감 활동

젤리빈을 이용한 맛 복불복 게임

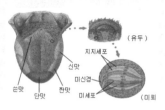

혀의 맛 지도
(출처: 네이버 블로그 '교육로그')

영택이가 저렇게 장애를 갖게 된 것은 영택이 잘못이 아닙니다. 그런데 왜 사람들은 놀리거나 혀를 차는지 모릅니다. (48쪽)

장애를 가진 영택이의 모습은 책 속에서 많이 등장한다. 다리를 절어 '찔뚝이'라는 별명으로 아이들에게 놀림을 당하고 그런 영택이를 도와주는 석우도 '찔뚝이 쫄짜'라고 놀림을 받는다. 장애를 가진 사람들에 대한 생각을 나누고 '나에게 장애가 있다면, 나에게도 ~가 없다면'까지 생각을 연결하여 글을 써보고 생각을 나누어본다. 생활 속에서 장애인을 위한 다양한 편의 시설을 직접 찾아 확인해 보고, 점자책을 보거나, 수화를 배우며 장애인에 대한 인식을 확장해 본다. '불편한 올림픽'을 개최하여 즐거운 추억도 쌓아본다.

	샛길 활동	활동 방법
1단계 책 속에서	영택이의 불편함 따라잡기	영택이가 어떤 불편함과 장애를 겪고 있는지 책을 읽으면서 찾아본다.
2단계 더 깊이 생각해 보기	몸이 불편했던 경험 나누기	-몸을 다쳐서 아팠던 경험, 힘들었던 경험을 떠올려 보고 나눠본다. -우리 주위의 장애인을 떠올려 보고 어떤 불편함이 있을지 생각해 본다.
3단계 세상 속으로	생활 속 장애인 편의 시설 찾아보기	-생활 속 장애인을 위한 편의 시설을 찾아본다. (횡단보도 음성 안내, 울퉁불퉁한 바닥, 계단 난간의 점자 안내판 등)
	도서관에서 장애인을 위한 것들 찾아보기	도서관에 가서 점자책이나 큰 글자 책 등, 신체적 불편을 해결해 주는 책들을 찾아보고 느껴본다.
4단계 체험으로 연결	수화 배워 보기	수화를 소개하는 간단한 영상을 찾아보고 따라 하며 배워 본다.
	불편한 올림픽	-머리 뒤로 손깍지 끼고 찹쌀떡 먹고 돌아오기 -2인3각 달리기 -눈 가리고 짝지어 길 안내하기 -풍선 양팔 다리에 끼우고 폴짝폴짝 릴레이 -손 안 대고 얼굴에 붙은 종이 떼기 -장애물 코스 달리기 -스피드게임 '몸으로 말해요.'
5단계 다른 책으로	작가 고정욱의 다른 책	'아주 특별한 우리 형' 읽어보기

장애인을 위한 편의 시설 생각해 보기

불편한 올림픽-2인3각 경기

불편한 올림픽-스피드게임 '몸으로 말해요.'

〈자전거 도둑〉
: 수남이의 바람을 따라가는 샛길

책 소개: 〈자전거 도둑〉 (글 박완서, 그림 한병호, 다림출판사)

 〈자전거 도둑〉은 소설가 박완서의 첫 동화집 〈달걀은 달걀로 갚으렴〉에 실린 동화로, 1979년에 출간되었다. 70년대의 암울한 시대를 배경으로 한 어른들을 위한 동화 중에서, 해학을 더하고 단순화하여 아이들에게 맞는 동화로 재탄생시켜 1999년에 다시 펴낸 동화집이 〈자전거 도둑〉이다. 할아버지, 할머니 세대의 가르침과 지혜를 재미있는 이야기를 통해 접할 수 있는 좋은 책이다.

주인공 수남이는 서울 청계천 세운상가의 전기용품 도매상에서 일하는 꼬마 점원이다. 낮에는 열심히 일하고 밤에는 야학에 들어가기 위해 열심히 공부한다. 그런 그에게 어느 날 사건이 발생한다. 그 사건을 계기로 수남이는 서울을 떠나기로 결심하는데….

#초등고학년 #정직 #중학교필독서

꼬불꼬불
샛길독서

〈자전거 도둑〉은 총 6개의 이야기가 있는 책이다. 이 책을 6개월 정도 천천히 읽고 샛길 활동을 하였다. 2주에 한 번씩 친구들을 만나 샛길독서를 하고, 친구들을 만나기 전에 가족과 함께 책을 읽고 연구 노트를 작성한다. 책 속의 중요한 어휘나 주제 등에 대해 조사하고 글을 쓰며 연구 노트에 꾸준히 적고 정리한다. 한 달에 두 번 친구, 가족과 함께하는 활동을 통해 책 속 내용을 더욱 풍성하고 구체적인 지식과 지혜로 새긴다.

샛길1 | 수남이의 일터, 세운상가

이 책은 1970년대의 시대상을 보여주는 책으로 어려운 단어들이 많이 나온다. 책 속의 어려운 단어를 정리하고 그 뜻을 알아보는 활동은 책의 내용을 제대로 이해하는 데 꼭 필요하다. '클래스 카드' 앱에 있는 '자전거 도둑' 용어, 단어 사전을 이용하여 단어를 익히고 퀴즈를 풀거나 친구들과 '골든벨 퀴즈' '숨은 단어 찾기' 게임 등을 하며 즐거운 단어 활동을 할 수 있다.

책의 내용과 단어를 전체적으로 다 살펴보고 익힌 후, 주인공 수남이가 일했던 세운상가를 직접 가보고 체험해 본다. 현재의 세운상가는 1970년대와는 많이 달라졌지만, 이곳의 역사를 볼 수 있는 체험관과 박물관이 잘 조성되어 있다. 상가와 주변의 분위기, 판매하는 품목과 상인들의 모습도 예전과는 크게 달라졌지만, 책에서 묘사하는 내용과 현재의 모습을 비교하며 시대의 차이를 이해하고 연결할 수 있는 다양한 경험을 할 수 있다.

	샛길 활동	활동 방법
1단계 '가족과 함께'	어려운 단어 찾아보기	- 어려운 단어를 찾고 뜻을 알아본다. - 클래스 카드 앱으로 확인하고 연습해 본다.
2단계 '친구와 함께'	골든벨 퀴즈	책의 줄거리를 골든벨 퀴즈로 확인해 본다.
	단어 퀴즈	문장 속 단어를 확인하는 퀴즈를 함께 풀어본다.
	숨은 단어 찾기 게임	야외 활동. 단어 카드를 숨겨놓는다. 카드를 찾아내고 단어의 뜻을 맞추면 상품을 받는 게임
3단계 '세상 속으로'	세운상가 알아보기	인터넷으로 세운상가의 위치, 견학할 수 있는 곳, 체험 장소 등의 정보를 찾는다. (세운상가 사이트: http://sewoonplaza.com/)
	세운상가 견학하기	세운상가를 견학 체험하고 종묘, 광장시장 등 주변 장소도 같이 둘러본다.

샛길2 │ '돈'으로 배우는 세상

어른들이 가득한 상가에서 돈을 셈하면서 세상을 배우는 수남이, 물건을 팔고 결제 대금 만 원을 주기 싫어서 뭉그적거리고 마지못해 잔돈으로 대금을 주는 거래처 사장의 모습에서 혐오감을 느끼기도 한다. 실수로 승용차에 흠집을 낸 수남이는 5천 원을 변상하라는 차 주인의 으름장에 겁을 먹고 울기까지 한다.

그러다가 담보로 빼앗긴 자전거를 몰래 훔쳐 달아나기에 이른다. 하지만 주인 영감은 자신의 부도덕성을 눈감아주고 오히려 손해를 입히지 않았으니 "운이 텄다"며 좋아한다. 주인 영감의 모습에 크게 실망한 수남이는 왠지 모를 배신감과 모멸감을 느끼고 서울을 떠나기로 결심하게 된다. 돈을 통해 세상을 배우고

〈자전거 도둑〉 클래스 카드 단어 리스트

세운상가 소개

전자상품유통의 메카

세운전자상가는 1968년 '세계의 기운이 모이다'라는 뜻을 가진 국내 최초의 종합전자상가이자 40년 전통의 전자상가 입니다. 오래된 전통만큼 수많은 기업들이 이곳을 거쳐 갔으며 TG삼보컴퓨터, 한글과 컴퓨터, 코맥스도 모두 여기서 시작되었습니다. 서울의 중심인 종로에 위치한 도심전자산업지역의 메카로서 수많은 장인들과 전기전자부품, 전기재료, 컴퓨터반도체, 음향기기, 전자제품, CCTV, 오락기기, 노래방기기, 조명기기 등 다양한 전자상품들을 만나보실 수 있습니다.

역사

현재 세운상가 부지는 1945년 무렵 종로-을지로 일대는 일본에 의해 소개공지로 지정되었습니다. 당시 일본은 미국 등 연합군의 폭격에 대비해 아무런 건물도 짓지 않는 공터인 소개공지 조성 사업을 벌이고 있었는데 세운상가 일대가 그중 하나였습니다. 한국전쟁 이후 집을 잃은 이재민들이 대규모 판잣집을 살기 시작했으나 1966년 대한민국 최초의 도심재개발사업으로 계획되어 건축가 김수근이 설계하고 2년만인 1968년 국내 최초의 주상복합단지인 세운상가가 탄생합니다.

세운상가 소개 (출처: 세운상가 사이트)

세운상가 견학과 체험

전자상가의 내부

장사치들의 셈법을 통해 세상을 배우는 수남이처럼 우리가 사는 세상은 돈과 셈을 빼고는 살 수 없다.

　돈을 활용한 다양한 활동을 구성해서 수남이처럼 셈을 배우고 세상을 경험해 본다.

	샛길 활동	활동 방법
1단계 '가족과 함께'	돈과 관련된 단어, 문장 찾기	돈, 셈과 관련된 다양한 문장을 모아서 적어본다.
2단계 '친구와 함께'	돈의 종류/단위 찾아보기	동전, 지폐들을 찾아보고 단위에 따라 돈을 모아본다.
	돈의 단위 알아보기	우리나라 돈의 단위, 종류 등을 알아본다.
	제시한 금액 만들기 게임	제시한 금액을 다양한 돈으로 만들어 본다.
	지폐 세면서 퀴즈 풀기	지폐를 세는 동안 진행자가 내는 퀴즈를 맞히는 활동
3단계 '세상 속으로'	화폐박물관 견학	〈화폐박물관 체험 학습〉 (1) 장소: 서울시 소재 화폐박물관 (2) 체험비: 무료 (3) 사이트: www.bok.or.kr
	관련 도서 읽기	〈연관 도서〉 (1) 뉴턴의 돈교실 (2) 돈벼락, 똥벼락 (3) 좋은돈, 나쁜돈, 이상한돈

샛길3 | '바람'이 사뭇 다르다

사고가 난 그날은 유난히 바람이 많이 불었다. '수남이는 문득 자기도 재수 옴 붙을 것 같은 예감이 들었다.'고 했던 것처럼 수남이는 괜히 불길함이 들었다. 서울의 바람과 수남이가 살았던 시골의 바람은 사뭇 달랐다. 도시의 바람은 먼지와 쓰레기가 뒹굴 뿐이지만 시골의 바람은 우아하고 숲은 때론 우렁차고 비통

화폐 관련 샛길 활동

돈의 종류와 단위 알아보기

퀴즈에 대답하며 돈 세기

화폐박물관 견학

하게 포효하기까지도 했다고 말한다. 그것을 아는 사람이 수남
이 혼자뿐이라는 사실에 수남이는 고독감을 느낀다. 우리가 살
고 있는 곳의 바람, 수남이가 느꼈던 보리밭의 바람, 봄기운을
전해주는 바람을 직접 비교해 보면 어떨까. 바람은 어떤 종류가
있고 어떻게 움직이고 어떤 기분을 주는지까지 연결해서 바람
을 주제로 다양한 활동을 한다.

	샛길 활동	활동 방법
1단계 '가족과 함께'	'바람' 관련 단어, 문장 찾기 성독 게임	성독을 하다가 바람과 관련된 문장이 나오면 박수를 친다.
	'바람'에 대한 문장 적어보기	바람과 관련된 문장 찾아서 적어보기
2단계 '친구와 함께'	'줄줄이 말해요' 게임	바람을 나타내는 단어 '줄줄이 말해요.' 게임 ex) 높새바람, 산들바람, 찬바람,
	세상의 모든 '바람'	바람에 관련된 단어들을 맞추는 초성 퀴즈
	우리 동네 '바람' 찾으러 가기	뒷산에 올라 바람을 찾고 느껴보기 자신이 맞은 바람을 문장으로 표현해 보기
3단계 '세상 속으로'	재난체험관 체험	〈목동 재난체험관 체험 학습〉 (1) 장소: 서울시 양천구 목동 915 (2) 체험비: 무료 (3) 사이트: https://www.mokdongdstc.com (4) 체험: 바람뿐 아니라 풍수해, 지진, 화재와 같은 중대 재해에 관한 체험 위주의 교육, 훈련 프로그램
	관련 도서 읽기	〈연관 도서〉 (1) 날씨를 바꾸는 요술쟁이 바람 (허창회) (2) 용선생의 시끌벅적 과학 교실 15: 기압과 바람 (사회평론 과학교육연구소) (3) 버드나무에 부는 바람 (케네스 그레이엄), 시공주니어

샛길4 | 내가 수남이라면

실수로 자동차에 생채기를 낸 수남이는 곤란한 상황에 부닥치게 된다. 차 주인에게 자전거까지 빼앗긴 수남이는 어쩔 줄 모르고 알 수 없는 목소리에 힘을 얻어 결국 빼앗긴 자전거를 훔쳐 달아난다. 그 뒤로 수남이는 묘한 쾌감과 죄책감을 동시에 느낀다. 수남이가 한 행동은 도둑질일까? 내가 수남이라면 어떻게 했을까? 친구, 가족과 수남이의 행동에 관해 토론하고 이야기를 나눠본다. 수남이가 느낀 마음의 갈등, 도덕적 실망감 등을 주제로 샛길 활동을 구성해 본다.

	샛길 활동	활동 방법
1단계 '가족과 함께'	'갈등' 관련 단어, 문장 찾기	성독하면서 '갈등'과 관련된 수남이의 도둑질 장면과 마음에 관한 글을 적어본다.
	'내가 수남이라면' 어떻게 했을까? 생각해 보고 이야기 나누고 글쓰기	-내가 수남이처럼 난처한 입장에 처했다면 어떤 행동을 했을까? -수남이처럼 두 가지 마음으로 고민했던 적이 있나요? -수남이가 한 행동이 잘한 행동인지 생각해 보고 가족과 이야기를 나누고 자기 생각을 글로 써본다.
2단계 '친구와 함께'	인생극장	주인 영감, 주변 사람들, 수남이의 역할을 돌아가면서 하는 역할극을 하면서 수남이의 감정과 상황을 이해해 본다.
	신호등 토론	-빨강 신호등 팀: 도둑질이다! -파란 신호등 팀: 정당한 행위다! 팀을 두 개로 나누어 근거를 찾고 토론한다.

| 3단계
'세상
속으로' | 뮤지컬 체험 | 〈뮤지컬/영화 레미제라블〉 감상
-장발장이 빵과 은촛대를 훔친 것은 도둑질인지 생
각해 보기 |
| | 관련 도서 읽기 | 〈연관 도서〉
(1) 장발장
(2) 울어도 괜찮아
(3) 막스와 릴리가 사탕을 훔쳤어요 |

〈긴긴밤〉

: 긴긴밤 긴긴 프로젝트

책 소개: 〈긴긴밤〉 (글, 그림: 루리, 문학동네)

세상에 마지막 남은 흰바위코뿔소와 버려진 알에서 태어난 어린 펭귄의 눈물겨운 생존과 진한 우정 이야기. 소설 〈긴긴밤〉은 세상에 마지막 남은 코뿔소 '노든'이 동물원에서 탈출한 뒤 만나는 친구들 간의 우정 그리고 바다로 향하는 여정이 그려진다. 동물이 주인공이라 더욱 친근하게 느껴지는 이 책은 따뜻한 그림과 함께 내용도 잔잔하고 쉽다. 게다가 생각할 거리가 많아서 함께 읽고 질문하고 생각을 나누고 글쓰기로 연결하기에 안성맞춤인 책이다.

근무하는 학교에서 중학교 1학년 담임반 아이들과 함께했던 '긴긴밤 긴긴 프로젝트' 활동을 소개한다.

#초등고학년 #중학생 #우정 #환경 #학급프로젝트

꼬불꼬불 샛길독서
: 〈긴긴밤〉 읽고 긴긴 프로젝트

	샛길 활동	활동 방법
1단계 생각 샛길	'긴긴밤 긴긴답' 하브루타 활동	성독하면서 인상적인 장면에 멈추고 질문에 답을 하면서 서로의 생각을 확인하며 생각을 확장하는 단계
	긴긴밤 퀴즈	모둠별로 범위를 나눠주고 퀴즈 문제를 만들게 한 후 퀴즈 대회를 한다.
2단계 체험 샛길	치쿠와 윔보처럼 알 품기 체험	치쿠와 윔보처럼 알을 품는다면 어떤 기분일까? 실제로 알을 품는 체험을 통해 부모의 마음을 생각해 본다.
	긴긴밤 체육대회	책 속 행동이나 내용을 모티브로 학급 친구들과 할 수 있는 게임을 만들어 함께하는 체육대회
	긴긴밥 만들기	길고 긴 김밥을 모둠원끼리 재료를 분담하고 만들고 나누어 먹는 이벤트
3단계 작가 샛길	〈긴긴밤〉을 읽고 긴긴 내 생각을 적을 수 있다면….	그간 했던 활동과 느낌을 종합하여 〈긴김밤〉의 전체적인 독서 감상문을 작성한다.

샛길1 | '긴긴밤 긴긴답' 하브루타 활동

아이들의 닫힌 생각의 문을 여는 좋은 방법 중 하나는 바로 질문하는 것이다. 괜찮은 질문 하나를 슬그머니 던지면 아이들의 머릿속에 잠자고 있던 경험과 기억, 생각이 샘물처럼 솟아 나오는 신비한 경험을 하곤 한다. 하지만 질문이 너무 추상적이거나 어려우면 안 된다. 어렵사리 열렸던 생각의 문이 쾅! 하고 닫히는 당황스러운 상황을 초래할 수 있다. 쉽고 만만한 질문을 해야 '어서 들어와' 하며 아이들의 생각 문이 활짝 열린다.

  좋은 질문은 어떻게 만들까? 아이들이 말하고 싶게 만드는 질문 즉, 아이들이 자신의 이야기를 할 수 있는, 그리고 호기심과 상상력을 건드릴 수 있는 질문이어야 한다. '내가 만약 그 주인공이라면, 나도 그런 비슷한 경험이 있을까, 내가 그 상황에 있었다면….' 책에서 나온 구체적인 장면이나 상황이 담긴 문장 뒤에 이런 질문을 붙인다면 더없이 좋다. 책 속의 상황과 내용이 다리가 되어 내 생각과 경험을 창의적인 활동으로 연결 짓는 것도 쉬워진다.
  이렇듯 책의 내용을 이용해 질문 하나를 잘 만들어 던지면 아이들의 생각 문을 두드리는 노크가 될 수 있다. 생각 문이 스르르 열리며 아이들 세상 속으로 초대되는 뜻밖의 사건이 생기기도 하는 것이다.

노크1. 악몽을 피하고 싶어
조회 시간, 나는 지난밤 떠오르는 대로 질문을 만들어 포스트잇에 덕지덕지 붙인 〈긴긴밤〉 책을 한 손에 들고 교실로 간다.

"얘들아, '긴긴밤' 잘 읽고 있지? 오늘은 선생님이 책의 한 구절을 읽고 한 가지 질문을 해볼게. 그 질문의 답을 포스트잇에 적고 조별로 쭉 이어 붙이는 '긴긴밤 긴긴답' 미션을 하려고 해. 다 적은 뒤에 조별로 한 곳에 이어 붙여주렴."

그리고 노든이 앙가부의 도움으로 악몽을 물리치는 책의 한 페이지를 펼쳐 읽어준다. 아이들도 조용히 듣는다.

책을 다 읽고 아이들에게 묻는다.

"노든은 아내와 딸을 잃은 후 계속 악몽에 시달리다가, 앙가부라는 친구에게 기분 좋은 이야기를 들려주면서 악몽을 잠시나마 떨쳐내게 돼. 앙가부에게 자신의 이야기를 털어놓은 그날 밤, 노든은 악몽을 꾸지 않았어. 너희도 혹시 악몽을 꾼 적 있니? 어떤 악몽인지 말해줄래? 혹시 악몽이 없었다면 잠을 잘 자는, 숙면을 취하는 너희들만의 노하우가 있을까? 잠에 관련된 이야기를 포스트잇에 적어줄래?"

아이들은 곰곰이 생각하더니, 이내 쓱싹쓱싹 적는 소리가 들린다. 잘 적어서 붙이라고 얘기하고 조심스레 교실을 빠져나온다. 점심시간, 칠판에 마련된 '긴긴답' 공간에 포스트잇이 빼곡이 붙어 있다. '잔잔한 BGM을 틀어놓고 자기' '라디오를 들으며 자기' '인형을 옆에 쌓아두고 자기' '높은 베개를 베지 않고 혼자 잠자지 않기' '재미있는 책을 읽으며 잔다' '불을 켜고

잔다' '오늘 있었던 일 중 가장 즐거웠던 일 생각하며 잠든다' '자기 전에 스트레칭을 하고 물을 마시고 잔다' 등등…. 숙면을 위한 아이디어들이 봇물처럼 넘쳐난다. 이렇게 아이들 생각의 방에 가볍게 노크를 하고 긴긴답 첫 번째 미션을 마무리한다.

노크2. 하루 중 가장 좋은 때가 언제인지 말해줄래?

"오늘, 선생님 대신 책 읽어줄 사람?"

주변 눈치를 보더니, 한두 명 용기를 내어 손을 든다. 소리 내어 읽기, 성독은 매우 신비로운 힘이 있다. 엄마의 목소리로 아이에게 책을 읽어주면 편안하게 심리적 안정을 갖게 되는 것처럼 직접 사람의 음성으로 책을 듣는다는 것은 단지 책 내용을 넘어선 또 다른 힘을 전달한다. 소리 내어 읽으면서 서로 다른 목소리에 귀 기울여 경청하게 되고 책 내용에 더욱 집중하게 되는 묘한 힘이 생긴다. 소리 없이 읽는 묵독과는 차원이 다른 경험이다. 여자 친구 하나가 나와 차분히 책을 읽는다.

"노든은 가족들과 함께 자연 속에서 신나게 뛰어놀며 행복한 순간을 경험했다고 해. 노든은 가족들과 초원을 달릴 때 가장 신났다고 하네. 너희들은 하루 중 언제가 가장 좋니? 선생님은 잠자기 전 막내 아이를 안고 책을 읽어줄 때가 제일 좋아. 책을 읽으면 기분도 좋아지고 아이랑 교감하는 느낌이 들기도 하거든. 책을 읽다가 내가 먼저 잠들 때도 많긴 하지만^^. 너희들이 가장 좋아하던 때가 언제인지 자세히 종이에 적어줄래? 그림을 그려도 좋아. 오늘은 다 적은 뒤, 조별로 한 곳에 붙여주고 다른 조 친구들의 답도 읽어보고 좋은 글에 서로 칭찬 스티커를 붙여주렴. 칭찬 스티커를 많이 모으면 긴~김밥에 들어갈 '치즈'를 보너스로 얻게 될 거야. 그러니까 너희들의 생각을 될 수 있으면 구체적으로 자세히 적어보자."

오늘은 수업 시간에 여유가 남아 답을 적고 한 명씩 발표도 해보는 시간도 갖는다. 숙제를 다 했을 때, 친구랑 놀 때, 저녁에 휴대폰 보며 잠이 들 때, 간식을 먹을 때 등등 다

하루 중 가장 좋아하는 때 (학생 작품)

양하고 재밌는 답이 나온다. 서로 다른 생각을 듣는 건 언제나 재밌다. 미처 못 들은 답은 모둠별 공간에 붙여놓고 쉬는 시간을 이용해 서로 읽어보고 좋은 글에 스티커를 붙여 서로 칭찬해 준다.

샛길2 | 치쿠와 윔보처럼 알을 품는다면

긴긴답의 세 번째 질문은 "치쿠와 윔보처럼 알을 품는다면 어떨까? 나도 알을 품는다면 치쿠처럼 잘 품을 수 있을까?"이다. 아이들이 답을 다 적었을 때쯤, 달걀을 하나씩 나누어준다.

"샘이 알을 하나씩 줄게. 근데 이 알을 받은 후에 세 가지 미션이 있어. 첫째는 이 알의 이름을 지어주는 것. 두 번째 미션은 오늘 하루는 이 알을 나의 자식이라고 생각하고 집까지 무사히 가져가는 것. 어딜 가든 꼭 가져가야 하고 집에 무사히 도착하면 인증샷을 찍어 단톡방에 남겨줘야 해. 그리고 세 번째로 부모님께 달걀을 이용해 음식을 한 가지 해드리기. 이 알을 품었던 느낌까지 전해드리면 더 좋겠지. 불을 써서 요리하기 힘들면 달걀을 그냥 드려도 돼요. 그리고 행여나 집에 가기 전에 알을 깨뜨리면 칠판에 꼭 사망신고를 해주어야 합니다."

설명이 끝나자, 아이들은 "네~!"라고 호기심 반, 신기함 반이 섞인 얼굴로 대답한다. 그리고 바로 10분 후, 첫 번째 사망란이 생겼다.

사망신고: 2022년 7월 15일 금요일 09시 20분 이*영 님의 아들 개복치가 사망했습니다.

    혹시나 다른 애들도 달걀을 깨서 교실이 엉망이 되진 않았나 하는 걱정에 교실을 쉬는 시간마다 들락거린다.

    "혹시 사망란 있어?"

    "아뇨. 없어요."

    "휴, 다행이다."

    잠시 마음 놓고 3, 4교시를 보내고 점심시간. 안타깝게도 4개의 사망란 신고가 있다.

달걀 사망 신고란

    알을 애지중지 소중히 다루었던 아이들도 있는 반면 장난스레 남의 달걀을 건드렸던 아이들도 있었나 보다. 안타까운 마음을 뒤로하고 다른 알들의 무사 귀환을 소망하며 서둘러 종례를 하고 아이들을 귀가시킨다. 몇 시간 후, 사망한 달걀, 무사히 도착한 달걀, 요리로 환생한 달걀 소식이 속속 들어온다.

알 품기 체험 인증 사진

이쁘게 꾸민 달걀, 맛있는 요리가 된 달걀들의 모습이 귀엽다. 주말을 보내고 난 뒤, 새로운 주에 다시 묻는다.

"얘들아, 알을 품고 집에 도착해서 요리로 만들어 부모님께 드렸을 때, 혹은 알을 깨뜨렸을 때 어떤 기분이 들었니? 느낌과 생각을 적어서 포스트잇에 붙여줄래?"

마지막 긴긴답 미션을 제시한다. 긴긴밤 긴긴답 포스트잇이 자꾸만 길어진다. 꼬리에 꼬리를 문 생각도 경험도 자꾸만 길어진다.

정해진 기간 내에 책을 다 읽고 책의 내용과 관련된 '긴긴밤' 프로젝트를 아이들과 직접 꾸민다. 먼저 책의 내용에 대해서 퀴즈와 게임을 아이들이 직접 만든다. 그리고 책 제목의 '긴~'에서 모티브를 얻어 '긴 김밥' 만들기 준비도 한다.

책 전체에 대해서 퀴즈와 게임을 생각해 내라고 하면 막막하고 범위가 넓어서 뭘 할지 엄두도 못 내기 십상이다. 그래서 학급 회의 시간 안에 생각해 낼 수 있도록 범위도 나누어주고 게임 예시도 제공한다. 확실한 질문과 과제를 주니 자유로운 회의 시간에도 딴짓하지 않고 제법 진지하게 집중하여 회의에 임하는 모습을 보인다.

책 속에서 아이디어를 낸 게임과 퀴즈를 엮어 전체 프로그램을 정한다. 모둠별로 김밥 만들 재료도 준비하고 게임과 퀴즈도 준비하고 진행한다. '코끼리 코딱지 같은 펭귄'과 같은 동물을 이용한 친구 별명을 지어 4박자 게임하기, 코뿔소 같은 센 콧김을 발휘하여 얼굴에 붙은 포스트잇 떼기 게임, 마피아 게임을 패러디한 코뿔소 사냥꾼 게임, 그리고 교실 바닥 청소를 고려하여 달걀 대신 탁구공으로 바꾼 '치쿠와 윔보처럼 숟가락으로 알 전달하기' 게임까지.

4교시 한 시간 안에 다 끝내리라고 생각하고 준비한 다섯 모둠의 게임은 5교시가 끝날 시간이 되어도 다 마치지 못했다. 하다 보니 재미도 있고 진행도 수월해져서 4교시는 담임인 내

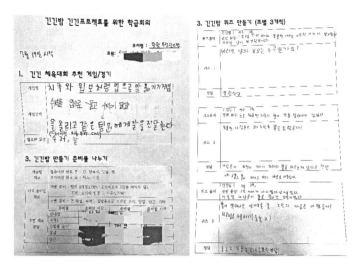

긴긴밤 긴긴 프로젝트 학급 회의록 (부록1. 양식11. (3) 참고)

가 없이도 잘 진행된 모양이다. 5교시 우리 반 수업을 다른 반 선생님과 바꾸어 들어가서 게임 하는 걸 지켜본다. 내가 따로 개입하지 않아도 될 정도로 다들 잘한다. 알을 놓치지 않으려고 집중해서 열심히 참여하는 모습이 너무 기특하고 귀엽기만 하다.

기다리고 기다리던 '긴 김밥 만들기' 시간. 6, 7교시를 연결해 김밥을 만들 수 있도록 시간표를 조정해 두고, 미리 준비한 김밥 재료도 상하지 않도록 모둠별로 모아 냉장고에 부지런히 실어 나른다. 가사실을 빌린 덕분에 싱크대도 조리 기구도 편하게 쓸 수 있다. 안전에 대한 간단한 설명과 주의 사항을 안내하고 조별로 김밥 싸기에 돌입한다. 예상했지만 모두 시끌벅적 그

알 옮기기 게임

긴 김밥 싸기

래도 신이 나서 상기된 표정이다.

'긴긴밤 긴긴답' 미션을 마무리하고 그간 적은 답을 모아 아이들의 마지막 독서 감상문에 연결되도록 미리 만들어둔 양식을 한 장씩 나눠준다. 각자 4개의 포스트잇을 모아 붙이도록 한다. 마지막엔 그간 했던 '긴긴밤 긴긴 프로젝트'의 소감문을 적는다.

> 메모지에 글을 쓰면서 정말 많은 생각이 들었다. 내가 평소에 생각하지 못한 것들을 생각해 보고 쓰는 시간이어서 좋았다. 그리고 퀴즈 대회, 체육대회, 김밥 만들기는 나랑 같은 부서인 친구들과 활동하고 같이 할 수 있어서 더욱 재미있었다. (학생 A의 소감문)
> 그냥 느낀 대로 생각한 대로 질문에 답했는데 생각보다 많은 스티커를 받아서 기분이 좋았고 퀴즈 대회와 체육대회도 무척 좋았던 것 같다. 그리고 친구들과 같이 활동해서 더 의미 있고 재미있게 참여했던 것 같다. (학생 B의 소감문)

'긴긴밤 긴긴 프로젝트' 3주 차. 아이들이 적은 독후감이 수북이 쌓여 있다. 언뜻 봐도 내용이 꽉 찬 것이 예전과는 다르다. 충분히 생각하고 열심히 활동하고 재밌게 게임으로 연결한 결과일까? 길지도 않은 책을 읽고 이렇게 많은 글을 적는 것은 흔

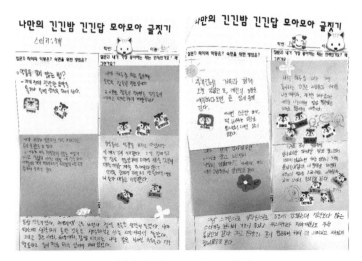

긴긴밤 긴긴답 (부록1. 양식 11. (4) 참고)

치 않은 일이다. 물론 내용이 길다고 좋은 글은 아닐지라도 책을 읽고 길게 적었다는 것은 그만큼 그 책에 대해 많이 알고 있고, 적고 싶은 내용이 많다는 증거일 것이다.

글쓰기나 독후감은 어른들이 아이들에게 쉽게 내주는 숙제다. 하지만 알고 보면 굉장히 힘든 창조적인 과정이 숨어 있는 것이 바로 글쓰기다. 적어도 '책 읽고 독후감 써!'라는 말로만 쉽게 되는 것이 아님을 우리는 잘 알고 있다. 글감을 모아 초고를 작성하고 잘 다듬고 고쳐서 글 한 편을 완성하는 방법을 가르친다는 것은 쉬운 일이 아니다.

'긴긴밤 긴긴답' 활동을 통해, 질문을 듣고 포스트잇에 적는 작은 활동이 모여 A4용지를 가득 메운 독후감을 쓰는 대단한 완성품을 만들었다. 작은 생각이 연결되어 긴 글이 되는 건 쉽지만 처음부터 긴 글을 쓰는 것은 어른인 나에게도 어려운 일이다. '신나는 경험'이라는 쓸거리를 많이 주면 쓰고 싶은 마음이 들어 그 즐거운 경험을 기록하고 되새기고 싶은 동기부여가 자연스럽게 생겨난다. 결국 쓰게 되는 마법 같은 일을 이번 프로젝트를 통해 경험하게 되었다.

'긴긴밤 긴긴 프로젝트'를 통한 슬로리딩 활동이 '재밌다'라는 단어 하나로 돌려막기 하던 글쓰기의 한계를 뛰어넘게 한 것이다. 그것도 도움반 친구까지 참여해 모두 글을 써냈다는 것은 우정의 힘이 한몫한 것이라고 볼 수 있다. 다 같이 하는 책 읽기가 글쓰기가 되고 그 글쓰기가 학급의 단합으로 이어지는 신묘한 경험. 그 뿌듯함에 가슴이 뜨거워진다.

〈그 많던 싱아는 누가 다 먹었을까〉
: 어린 완서 체험 샛길

책 소개: 〈그 많던 싱아는 누가 다 먹었을까〉 (글 박완서, 그림 강전희, 웅진 주니어)

이 책에는 우리나라가 분단국가가 되기 전의 개성 지방 풍습과 1950년대 전후(戰後)의 혼란한 상황이 생생하게 담겨 있다. 제목의 '싱아'는 지금은 찾아보기 힘든 들풀의 이름이다. 싱아는 여러해

살이풀로 6~8월산 기슭에서 자라며 흰 꽃이 피고, 어린잎과 줄기를 먹으면 새콤달콤한 맛이 나 시골 아이들이 즐겨 먹었다고 한다. 이제는 누구도 기억하지 못하는 들풀 이름을 제목으로 쓴 것은 사라진 것들을 기억하자는 의미가 아니었을까. 이 작품은 보통 사람들의 체험과 생활, 그들의 감정을 생생히 담고 있어 여러 세대가 같이 읽으면서 공감하며 소통할 수 있는 대목이 많다. 이 책을 가족과 함께했던 활동을 중심으로 소개한다.

#초등고학년 #중학생 #생명력 #자연 #가족관계 #성장

꼬불꼬불
샛길독서

청소년판으로 편집된 책을 골라서 가족 모두가 함께 읽는다. 시대적 배경이 현재와 거리가 있고 어휘나 내용이 쉽게 이해되지 않는 것들도 있어서 천천히 샛길 활동을 하며 읽는다. 생경한 배경이라 이해하기 어렵지만 초등학생, 중학생, 부모님, 조부모님까지 모두 모여 함께 읽으면 알아가는 즐거움과 과거와 현재를 잇는 소통의 재미가 배가 될 수 있는 책이다.

	샛길 활동	활동 방법
1단계 생각 샛길	(매일) 세 줄 독서 인증	Line: 인상 깊었던 구절 필사하기 Feeling: 느낀 점 짧게 쓰기 Question: 읽으며 궁금했던 점 써보기 New Words: 모르는 단어 찾아보기
	하브루타 질문 게임	매일 세 줄 독서 인증에서 나온 질문이나 책 전체에서 질문을 만들고 가족/친구들과 질문하고 답하는 게임 자신이 받은 질문 중 하나를 골라 답을 글로 써보기
	가로세로 퍼즐	1~4장 책 속 내용을 읽어보고 퍼즐 풀어보기
	박완서 작가에 대해 알아보기	-소설 속 어린 박완서가 살던 동네에 대해 알아보기 -작가 박완서에 대해 알아보기 -박완서 작가의 다른 책도 읽어보기
	우리 가족 단어장 만들기	가족과 책을 읽고 모르는 단어를 모아 가족 단어장 만 들기
2단계 체험 샛길	뒷간의 재발견	책에 나오는 배설과 뒷간에 얽힌 궁금증을 똥박물관, '해우소'를 방문하여 알아보고 수원시 일대를 탐험하는 기회도 만들어본다.
	시골 할머니 댁에 싱아 찾으러 가기	산의 식물과 꽃, 나무들을 둘러보며 싱아를 찾아보고 자연을 관찰하는 체험을 한다.
	박완서 작가 체험	어린 완서가 살았던 동네와 학교 등을 실제로 견학히고 체험하며 구체적인 시대 상황을 이해하는 활동을 한다.
3단계 작가 샛길	체험 소감문 작성	어린 박완서가 살던 동네를 체험하고 찍은 사진과 소감 을 활용하여 신문 기사나 보고서를 작성해 본다.
	독후감 작성	책 전체를 읽고 하브루타로 질문하고 답했던 내용과 전 체적인 소감과 인상적인 부분에 대한 독후감 작성하기

샛길1 | 긴 책도 가뿐하게, 세 줄 독서 인증

매일 책을 읽는 습관을 기르려면 어떻게 해야 할까. 길고 어려운 책이라도 매일 조금씩 나눠 읽으면 그 부담이 줄어든다. 작은 인증 미션을 주고 책 읽기를 이어 나가면 어떨까. 아이와 함께할 수 있는 최소한의 시간을 정해두고 매일 비슷한 시간대에 같이 책을 읽는 분위기를 조성해 주면 좋다. 잠자리에 들기 전 15분 동안 엄마나 아빠의 목소리로 책을 읽어주는 활동은 부담도 적고 편한 방법이다.

만일 가족과 혹은 혼자 하기 힘들거나 초등학교 고학년이라면 친구들과 함께 온라인 미션을 정해 책을 읽어본다면 어떨까. 일정 기간 책 읽기를 완료하면 놀이공원에 가는 등의 기분 좋은 보상을 해준다면 책을 읽는 즐거움이 배가 될 것이다.

매일 긴 책을 짧게 나누어 읽고 간단하게 하는 활동으로 '세 줄 독서 인증'이 있다. 일주일에 세 번이나 다섯 번, 정해진 날에 세 줄로 간단하게 책 읽은 내용을 정리하고 SNS나 네이버 밴드, 페들렛 등을 활용해서 간편하게 인증한다.

〈세 줄 독서 인증〉

1. Line: 인상적인 문장 필사

2. Feeling: 위의 인상적인 문장을 고른 이유나 느낌

3. Questions & New Words: 새로 생긴 질문, 모르는 단어 찾기

세 줄 독서 인증

샛길2 | 친구들과 하브루타

책을 매주 나눠 읽고 2주에 한 번씩 친구들과 모여 질문을 만들고 대답하는 '하브루타 질문 게임'을 하며 생각을 넓힌다. 마지막으로 게임과 토론 활동을 하며 느낀 소감과 생각을 독후감으로 적고 활동을 마무리한다.

〈하브루타 질문 게임〉

1. 각자 질문을 만들고 적절한 답을 하면 몇 점을 줄지 주고 싶은 점수도 같이 쓴다.

2. 친구들이 만든 질문을 하나씩 뽑아서 답을 적어본다.

3. 적은 답을 돌아가며 답하고 질문을 만든 친구가 적합한 답이라고 인정하면 그 점수를 얻는다.

4. 가장 많은 점수를 모은 친구가 우승!

하브루타 질문 만들기

친구들과 질문하고 답하기

독후감 작성하기

평소에는 각자 읽고 일주일에 한 번, 토요일에는 가족이 모여 〈그 많던 싱아는 누가 다 먹었을까〉를 함께 읽는다. 같은 부분을 나눠 읽고 나서, 커다란 스케치북에 인상 깊은 한 구절을 돌아가며 써본다.

글의 내용을 마인드맵으로, 주요 인물들의 관계를 정리해보기도 하고, 책 속 내용을 다시 훑어보며 답이 정해져 있는 닫힌 질문 1개 여러 가지 다양한 생각을 묻는 열린 질문 1개를 만들어본다. 자신이 만든 문제를 서로 돌아가며 묻고 답하는 시간을 가져본다. 어떤 가족은 책 속의 생소한 단어를 각자 정리해 가족 단어장을 만들고 퀴즈를 내며 재미있는 시간을 보내기도 한다. 가족마다 각자의 개성과 필요에 따라 다양한 샛길 활동을 만들고 함께 해나가는 모습을 소개한다.

1) 보민, 서현, 윤석이네 샛길 활동: 가족 하브루타

하브루타 질문 만들기

박완서의 책이나 원하는 다른 책을 하나씩 골라서 꼼꼼질문, 곰곰질문, 라면질문을 만들어보고, 답도 달아보면서 이야기 나누었습니다. 지난주보다 훨씬 편안하게 질문을 만들고 익숙해진 모습이 신기하기도 하고 기특하기도 했어요.

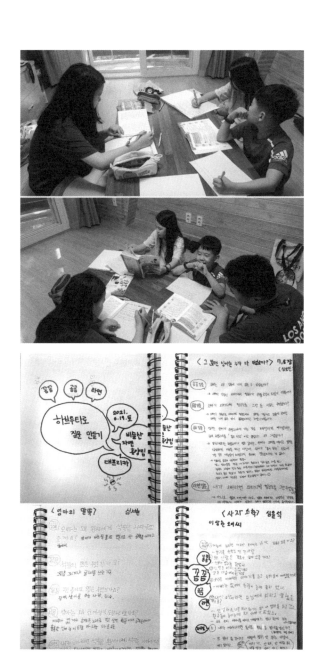

가족 행사가 있어서 외갓집 식구들과 함께 여행을 왔어요. 가족 미션부터 하고 이제는 마음껏 뛰어놀기로 했습니다. 어른이 되어 '나 어릴 적에'로 오늘을 회상할 수 있을 만큼 할아버지, 할머니와 추억 만들기가 오늘의 샛길 활동입니다. (보민, 서현, 윤석이네 가족)

2) 해환, 해찬, 해나네 샛길 활동: 가족 단어장

단어에 대한 정확한 이해가 가장 중요하다고 생각한 해환이네는 일주일에 한 번씩 가족이 모여 책을 성독하고 모르는 단어를 각자 정리하고 짧은 글짓기를 한다. 찾은 단어를 가지고 퀴즈를 내고 게임을 하며 책의 내용을 정확히 이해하고 즐긴다.

3) 주원, 건호네 가족: 한 줄 쓰기

책을 읽기 싫어하거나 모이기 힘들 때는 가볍고 편한 활동을 한다. 주원이네는 가족이 모여 성독하고 가장 인상 깊었던 문장 한 줄을 쓰고 간단한 소감을 말하며 가족과 책 읽기를 함께한다. 쉽고 간단한 방법이라도 읽기를 꾸준히 한다는 것은 그만큼 뜻깊은 일이다. 함께하기 때문이다.

4) 시후네 가족: 박완서 작가에 대해 깊이 파고드는 연계 독서

책의 이야기에 빠져들수록 평소 지나쳤던 동네도 사물도 다르

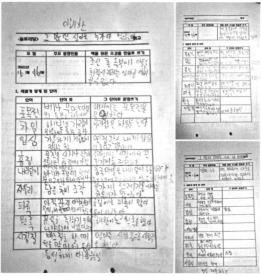

해환, 해찬, 해나네 가족 단어장 작성하기 (부록1. 양식 1 참고)

게 보인다. 책 속에서 어린 완서가 복순이와 공휴일에 도서관에
가서 책을 읽으며 느꼈을 희열을 아이들도 부모들도 같이 느

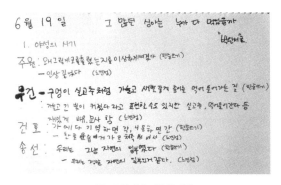

건호, 주원이네 가족 독서록

끼고 있었다. 책에 깊이 빠져들수록, 어린 완서가 그랬던 것처럼 평범한 것들이 낯설고 새롭게 보이는 경험을 하게 된다. 이제 누가 먼저랄 것도 없이 박완서의 다른 책을 찾아보고, 어린 완서가 살았던 동네를 찾아보는 등 오만가지 샛길 활동을 모두 다르게 펼쳐 나가고 있었다. 작가 박완서는 다양한 연령대가 읽을 수 있는 책을 두루 집필한 작가라 선택의 폭이 매우 넓다. 그 때문에 자신에게 맞는 박완서의 다른 책을 읽고 내용을 이야기하며 가족 간의 대화를 이어가도 좋다. 시후네 가족은 그 기쁨에 흠뻑 빠져서 책 읽기의 즐거움을 느끼고 있었다.

저번 주와 이번 주 이어서 박완서 작가님 책을 읽고 있어요. 〈7년 동안의 잠〉은 재미있다면서 10번 정도 읽은 것 같아요. (인상 깊은 구절 필사했어요.)

127

〈부숭이의 땅힘〉을 읽고, 땅힘에 대한 인상 깊은 구절을 필사하였고, 편식과 인스턴트에 대한 대화를 나누었어요.

〈자전거 도둑〉은 아빠, 엄마와 함께 성독하고 하브루타 질문 대화를 해보았습니다. 처음 도전한 하브루타 대화는 2시간이 넘게 이어졌습니다. 끝날 줄 모르는 대화는 주말 밤이 깊어 급히 마무리했어요.

〈나 어릴 적에〉는 오늘까지 2번 읽었어요. 처음 읽을 때는 시대 배경 이야기와 성차별에 대한 이야기 (아마도 지난번 선생님과의 수업 후 남녀 성에 관해 하고 싶은 말이 많아진 모양입니다.^^) 오늘 두 번째 읽을 때는 모르는 단어 찾기를 해보았습니다. 초반에는 단어 찾기 몇 개 하더니 나중에는 읽기에 푹 빠져들어 갔어요. 사내아이가 오줌을 싸고 싸운 부분은 책에서 오줌 냄새가 나는 것 같다면서 읽지 못하겠다면서 넘겼어요.

이번 주 토요일 '책 놀자'는 박완서 작가님 책 여행이라고 말해주니 더 열심히 책을 봐야겠다고 다짐까지 하네요. (시후네 가족)

샛길4 | 그 많던 뒷간은 어디로 갔을까?

1장 '야성의 시기'에서는 똥과 관련된 많은 이야기가 옛 추억과 함께 그려져 있다. 뒷간, 인분, 배설의 즐거움, 자연의 순환까지로 연결되는 자연스러움이 책 속에 담겨 있다. 당시 화장실의 모습을 그려 보고 지금과는 다른 모습에 놀라기도 하고 친구들과 엉덩이를 까고 쭉 앉아서 똥을 누는 모습을 생각하니 웃음이 난다. 이 부분을 포착하여 큰딸은 뒷간 체험 '뒷간의 재발견'을 제안했다. 가족과 함께 해우재를 구경하고 수원 근교까지 다 돌며 샛길 활동으로 채웠다.

일시	2021년 5월 29일(토) / 6월 12일(토)
체험명	뒷간의 재발견
관련 도서	그 많던 싱아는 누가 다 먹었을까? (19~21쪽)
참고 도서	이이화 역사 할아버지가 들려주는 뒷간 이야기(이이화, 파랑새)
체험 제안 이유	'그 많던 싱아는 누가 다 먹었을까'에 나오는 옛 시절 뒷간의 이야기를 박물관을 직접 체험하여 살펴보고 책에 대한 이해를 높이고자 한다. 또한 근처 음식 문화를 체험하고 미술과 관련 경험을 더해 다양한 문화 체험을 시도한다.
주요 체험지	1. 해우제(무료) (1) 주소: 경기도 수원시 장안구 장안로 458번길 9 (2) 운영 시간: 매일 10~17시 휴무: 월요일, 1/1, 설날 연휴, 추석 연휴
	2. 지동시장 순대타운 (1) 주소: 수원시 팔달구 팔달구로 19
	3. 수원시립아이파크미술관 (1) 주소: [16252] 경기도 수원시 팔달구 정조로 833(신풍동 238-1) (2) 운영시간: (하절기) 10:00~19:00 휴무: 매주 월요일
지원금 신청 내용	식비 1인 8,000원×6명=48,000원 입장료(아이파크미술관) 4,000원×6명=24,000원 총 72,000원

샛길5 ┃ 싱아를 찾아서

싱아는 어린 완서가 살던 박적골에는 지천에 있던 흔한 풀이었다. 어린아이들이 모여 산과 들을 다니며 장난삼아 재미 삼아 뜯어먹던 그 맛을 완서는 못 잊고 있었다. 오늘날 우리 아이들은 산과 들에 나는 풀을 얼마나 알고 있을까. 그것을 뜯고 먹는 재미와 맛을 상상이나 할 수 있을까. 산과 들이 가까이 있는 시

시골집 싱아 찾기 체험

보물찾기+초성 퀴즈

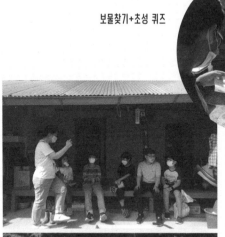

라이어 게임

시골 텃밭에서 싱아 찾기

시골집 체험

골집 체험을 하면 어떨까. 아이들과 가족들과 싱아를 찾으러 나서 본다.

친구 찬스로 방문한 시골집에서 싱아도 찾고 샛길독서 체험도 한다. 먼저 책에 나온 단어의 초성이 있는 단어 카드를 집안 곳곳에 숨겨두고 찾은 다음, 초성을 맞추는 '보물찾기+초성퀴즈' 게임으로 시작한다.

두 번째는 '라이어 게임'. 한 명의 라이어를 비밀리에 정한다. 이 사람은 제시어를 모르고 나머지 시민들은 책에 나온 제시어를 설명해서 라이어가 제시어를 맞추게 해야 하고 시민은 라이어를 찾으면 승리하는 게임이다. 책에 등장하는 물장수를 떠올리며 물풍선을 받는 게임도 하며 시원하게 여름 이벤트를 즐긴다. 마지막으로, 텃밭에서 싱아 대신 먹을 수 있는 채소를 찾아 직접 뜯어본다. 고기에 쌈을 싸서 멋진 저녁 식사를 하며 하루 체험을 마무리한다.

처음에는 두껍고 어려운 책처럼 느껴졌다. 하지만 다양한 체험을 하며 아이들은 책 속으로 점점 빠져들고 있었고 어떤 친구는 두 번씩이나 책을 읽을 정도로 흥미를 느끼고 있었다. 결국 싱아는 찾지 못했지만, 논과 밭을 헤치며 다양한 풀과 야채를 알아봤고 맛봤다. 아이들은 싱아는 어떤 맛일까, 왜 싱아는 없어졌을까, 상상하고 궁리하며 싱아에 대한 궁금증을 일으

켰고 책에 대한 관심과 애정도 슬금슬금 키워나갔다.

샛길6 | 낯선 서울살이

어느 날 오빠와 서울로 갔던 엄마는 박적골에 다시 돌아와 어린 완서를 데리고 서울로 간다. 완서도 서울에서 학교를 보내고 싶은 엄마의 열망을 아무도 말릴 수는 없었다. 서울에서는 외곽인 누추한 마을, 현저동에서 서울살이를 시작한 완서는 도무지 더 나을 것이 없는 서울살이에 실망하지만, 엄마가 시키는 대로 고분고분 따르며 서울 초등학교에 다닌다.

현저동의 이모저모, 지금도 있는 장소에 대한 묘사를 골라 읽으며 완서가 살던 현저동을 상상하고 그려본다.

어린 완서가 본 독립문은 지금과는 다를 것이다. 독립문은 현저고가차도가 생기면서 지금의 자리로 이전했다고 한다. 완서는 개성 남서쪽 이십 리가량 떨어진 개풍군 박적골에서 태어났다. 완서의 엄마는 동네 여자들의 편지를 대신 써줄 만큼 유식했고 아이들에 대한 교육열도 그만큼 강력했다. 시아버지의 노여움에도 아랑곳하지 않고 어린 완서와 오빠를 데리고 세 가족이 서울살이를 시작한 것이다.

문안에서 어린 완서의 엄마 마음에 드는 학교 중에서 통학 거리를 감안해서 고른 학교가 매동국민학교였다. 인왕산을 넘어

사직공원으로 통하는 길을 매일 통학하며 완서는 홀로 걸었다.

영천시장은 길이가 약 260m에 달하는 골목시장이다. 규모도 크고 어린 완서에게는 매우 활력이 넘치고 재밌는 곳이었다. 엄마와 오빠가 서울 생활을 시작한 곳은 현저동이었다. 지금은 서대문형무소 역사관과 독립공원 일대를 말하지만 그 당시에는 무악동까지 포함한 곳이었다고 한다. 영천시장에서 횡단보도를 건너 무악동 언덕을 오르기 시작하면 어린 완서가 살던 집이 나온다. '현저동 46번지 418호', 지금은 '무악 현대아파트'가 있는 자리이다.

참고 자료) 국립중앙도서관블로그 (blog.naver.com/dibrary1004)

책에서 소개된 어린 완서의 동네 현저동과 주변의 장소를 찾아보고 가족이 모여 자신이 가고 싶은 장소와 이유를 적어본다. 실제로 체험에 나서기 전, 가볼 장소에 대한 자료를 찾아보고 생각을 정리하면 체험의 효과와 재미는 배가 된다.

샛길7 | '어린 박완서 되어보기, 살아보기' 체험

이번엔 마을의 친구들과 어린 박완서를 따라가는 체험이다. 완서가 다녔던 매동초등학교를 둘러보고 당시에 살았던 산기슭 동네, 지금은 아파트가 들어선 마을에도 가본다. 친구들과 뛰어놀았던 인왕산 성곽길을 걸어보고 영천시장을 거쳐 서대문형무소까지 가본다. 오후에는 어린 완서가 살았던 우리나라 근대

식 건물과 생활을 엿볼 수 있는 돈의문박물관 마을과 역사박물
관을 둘러본다.

책을 읽고 직접 체험하는 것은 언제나 새롭고 흥미롭다. 여
기저기 누비며 박물관과 동네를 구경하는 아이들의 모습이 신
나 보인다.

어린 박완서 되어보기 코스 (서대문구 현저동 일대)		어린 박완서 살아보기 코스 (종로구 서울역사, 돈의문박물관 마을)	
09:00	매동초등학교 방문/견학	13:30- 14:00	서울역사박물관으로 이동
09:30	무악현대아파트 방문/견학		
09:30- 11:30	무악 어린이 공원(하차) + 인왕산 성곽길 (종착지: 성곽, 범바위) :성곽길을 걸어서 독립문까지 이동	14:00- 17:00	서울역사박물관(하차) 돈의문박물관 마을 서울도시재생이야기관 (1) 모두 무료 입장 (2) 서울역사박물관은 입장 전 사전 예약해야 함.
11:30- 13:30	독립문(하차), 영천시장, 서대 문형무소		

샛길8 | 샛길 활동 후 독후감으로 마무리

신나는 박완서 체험을 마치고 각자의 방법으로 후기를 작성한
다. 어린 완서가 친구 복순이와 책을 읽고 책 밖에서 느꼈던 희
열을 아이들도 느꼈을까. 즐거운 경험을 붙잡고 싶은 마음이었
는지 아이들은 멋지게 체험 소감문을 작성해 주었다. 실컷 체험
하고 몸을 움직여, 보고 걷고 느끼는 힘은 실로 컸다. 경험했던

'어린 박완서' 되어보기 체험

매동초등학교

인왕산 둘레길 걷기

서대문형무소

독립문 앞에서

것들과 일정을 신문처럼 꾸미기도 하고 독후감으로 정리하기
도 하면서 즐겁게 마무리했다.

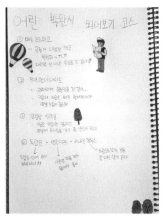

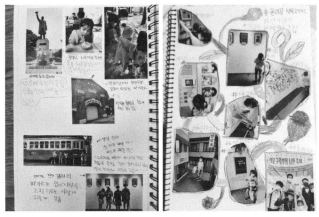

〈마당을 나온 암탉〉
: 코딩으로 융합하는 디지털 샛길

책 소개: 〈마당을 나온 암탉〉 (글 황선미, 그림 김환영, 사계절)

암탉 잎싹은 알을 품어서 병아리를 탄생시켜 보겠다는 소망을 간직한 노계이다. 양계장에서 주인이 주는 먹이만 먹고 살면 편했겠지만, 잎싹은 자신의 소망을 이루기 위해 양계장을 나온다. 온갖 어려움과 슬픔을 겪으면서도 알을 지키기 위한 노력은 눈물겹도록 처절하다. 어려움 속에서도 포기하지 않는 잎싹의 용기와 희생을 기억하며 샛길 활동을 함께 해본다.

꼬불꼬불
디지털 샛길독서

〈마당을 나온 암탉〉을 읽고 코딩을 이용해서 샛길 활동을 해본다. 마을공동체 활동을 함께했던 학부모이자 코딩 강사인 윤보라 님을 모셔서 디지털로 코딩으로 연결되는 샛길 수업을 진행했다. 구성은 학년별로 나누어 아이들의 눈높이에 맞게 했다.

〈저학년〉	샛길 활동	활동 방법과 내용
1단계 생각 샛길	책 속에서	〈마당을 나온 암탉〉 줄거리 정리, 잎싹이 소개하기
2단계 체험 샛길	수업 내용 시연	엔트리 프로그램으로 만든 잎싹이 소개 코딩 작품 설명
	캐릭터 창작	'봉봉미니' 웹사이트를 이용하여 본인 캐릭터 만들기
	알고리즘 정리	'잼보드'로 자기소개 알고리즘 정리 및 공유
	엔트리 코딩 설명	수업에 사용할 주요 코딩 블록 설명
	작품 창작	나를 소개하는 엔트리 코딩 작품 만들기
3단계 작가 샛길	발표 및 공유	친구 작품 칭찬하기, 나의 작품 수정, 보완하기

〈고학년〉	샛길 활동	활동 방법과 내용
1단계 생각 샛길	책 속에서	〈마당을 나온 암탉〉 줄거리 정리, 잎싹이 소개하기
2단계 체험 샛길	수업 내용 시연	엔트리 프로그램으로 만든 독서 골든벨 코딩 작품 설명
	인공지능 설명	인공지능 관련 배경 지식
	알고리즘 정리	'잼보드'로 골든벨 알고리즘 정리 및 공유
	엔트리 코딩 설명	엔트리 인공지능 '음성 인식' 블록 설명
	작품 창작	〈마당을 나온 암탉〉 (또는 함께 읽었던 도서) 관련 골든 벨 엔트리 코딩 작품 만들기
3단계 작가 샛길	발표 및 공유	친구 작품 칭찬하기, 나의 작품 수정, 보완하기

코딩 샛길 (작성자: 코딩 강사 윤보라)

① 책 줄거리 및 중심 장면 되돌아보기 – 엔트리 작품 시연

잎싹이와 관련된 내용을 퀴즈로 풀어보며 책 내용과 그때의 감정을 떠올릴 수 있도록 강사가 미리 구현해 놓은 코딩 작품을 시연하였다. (잎싹이 소개 코딩/ 주제 책 관련 독서 골든벨 코딩)

② 코딩 알고리즘 생각하기 – 잼보드 이용

코딩을 시작하기 전에 자신의 알고리즘을 정리하는 시간이 꼭 필요하다. 자신이 만들고 싶은 작품의 알고리즘(순서도)을 토대로 코딩을 진행하기 때문이다. 알고리즘 정리를 위해 '잼보드' 프로그램을 사용했다. 수업을 위해 미리 만들어 놓은 잼보드 링크를 전달하여 학생들이 문자와 그림을 입력하면 실시간으로 친구들과 공유할 수 있고, 강사도 학생들의 수업 참여 확인이 바로 가능하게 만들었다.

③ 코딩 작품 공유하기, 보완하기 – 엔트리 학급 기능 이용

코딩 작품 창작도 중요하지만, 완성된 자신의 작품을 공유하는 시간을 갖는 것도 중요하다. 다른 친구들의 작품을 감상하면서 새로운 아이디어를 떠올리며 본인의 작품을 보완, 수정하는 과정이 꼭 필요하기 때문이다. 엔트리에는 학급 기능이 있어 공유한 친구들의 작품을 체험하고 댓글로 질문과 응원 메시지를 주고받을 수 있다.

저학년생들은 재미 위주의 초급 코딩으로, 고학년생들은 인공지능이라는 배경지식도 알아가는 중급 코딩으로 학년에 맞추어 목표를 잡았다.

① 컴퓨터와 코딩에 익숙하지 않은 저학년생들은 코딩 초급-자기소개하는 코딩 작품을 계획했다. 특히 줌 수업으로 만난 학생들이라 아이스 브레이킹이 필요하여 간단한 검색 능력과 마우스 조작이 가능한 수준에서 본인의 캐릭터를 꾸미는 웹사이트 '봉봉미니'를 체험하였다.

'봉봉미니' 사이트에서 나만의 캐릭터를 만들어 잼보드에 업로드시킨 후, 잼보드 포스트잇 기능을 사용하여 성격, 좋아하는 음식, 취미 등등 소개 내용을 작성했다.

엔트리 코딩의 모양 숨기기, 보이기 블록을 이용하여 자기소개를 표현했고 줌 수업으로 어색할 수 있는 분위기를 재미있는 코딩 캐릭터들로 풀어가며, 그동안 몰랐던 마을 친구들에 대해 알아가는 시간을 가졌다.

② 코딩을 체험해 보았던 고학년들의 독후 활동으로는 인공지능을 선택하여 인공지능에 관한 전반적인 이론을 살펴보며 수업을 시작했다. '퀵드로우' '오모드로우' 'which face is real' 등 잘 알려진 인공지능 사이트를 체험하면서 인공지능, 머신러닝,

딥러닝에 대해 알아보고 우리 주변에 볼 수 있는 사물인터넷 (IoT:Internet of Things)이 적용된 기기와 제품들을 살펴보며 의견을 나누었다. 엔트리 인공지능 기능 중에 '음성 인식'을 사용하여 독서 골든벨 코딩을 창작하였고 친구들과 함께 퀴즈를 풀어보며 책 내용과 여러 샛길 활동들을 되짚어 보았다.

구글 잼보드를 이용해서 책 내용 정리도 함께 해보며 각자의 사용 설명서(자기소개서)를 만들었다. 정리한 내용으로 코딩을 만들어 모두 발표해 보며 서로를 응원해 주는 모습을 보이기도 했다. 코딩으로 하는 독후 활동을 통해 책의 주제를 다시 한번 파악하고 내 생각을 코딩으로도 표현해 볼 수 있는 색다른 경험으로 독서에 한발 더 다가서는 경험을 했다. 책과 연계된 코딩 활동은 놀이로 느껴져 기존에 해왔던 독후 활동과는 또다른 재미를 주었다. 독서에 대한 재미를 더 알아갈 수 있고, 코딩 작품을 만들며 창의력과 성취감도 얻을 수 있었다.

고학년생들은 〈마당을 나온 암탉〉의 내용을 정리하며 코딩을 통해 내가 좋아하는 것을 게임으로 구현해 보는 기회를 가졌다. 인공지능, 머신러닝, 딥러닝, 사물 인터넷 등등 이론을 가볍게 알아보고 이와 관련된 체험을 하며 호기심을 불러일으켰다. 아이들은 대부분 코딩을 체험해 본 경험이 있어서인지 어느 정도 수준이 있는 작품을 완성할 수 있었다. 작품 발표를 하며

서로 칭찬도 해주고 본인 작품에서 보완해야 할 부분도 찾는
등 의미 있는 시간을 보냈다.

〈강사 소감문〉

국립어린이청소년도서관을 비롯해 여러 도서관 프로그램에 독
후 활동으로 코딩을 접목하는 곳이 늘어가고 있다. 건전한 디지
털 생활을 배우며 독후 활동인 코딩을 통해 애니메이션 표현,
게임 창작, 하드웨어(센서, 로봇) 연결, 인공지능 연계 등등으로
확장할 수 있다.

같은 책을 읽고도 기억나는 장면이나 감정이 다 다르듯이
코딩 작품을 구현할 때도 학생들에게 다 같은 블록을 사용하여
정답을 주는 것이 아니라, 각자 다른 코딩 블록을 사용해 보며
여러 방법으로 작품을 구현할 수 있도록 하였다. 친구들이 완성
한 코딩 작품을 보며 주제로 삼은 도서를 다른 방향에서 한 번
더 해석해 봄으로써, 타인을 이해하고 배려하는 마음까지도 배
울 기회가 되어 좋았다.

미술과 관련된 독후 활동을 조금 힘들어하던 남학생들은
컴퓨터를 사용한 독후 활동에서는 활발한 참여도를 보였다. 발
표를 힘들어하던 친구들도 잼보드 글쓰기를 통해 공유할 수 있
으니, 부담을 떨치고 열심히 할 수 있었다. 학생 모두가 다 함께
참여했던 수업으로 기억에 남는다.

온라인 코딩 수업 장면

4차 산업혁명의 주요 키워드의 하나가 공유와 협업이다. 코로나 이슈로 인한 온라인 수업의 제약 때문에 협업으로 하는 코딩을 하지 못하는 아쉬움이 있었다. 따라서 오프라인 수업으로는 〈마당을 나온 암탉〉의 뒷이야기를 함께 상상하여 코딩으로 표현하는 수업을 계획했다. 친구들과 소통하며 코딩 알고리즘(순서도)을 구체적으로 표현하고 각자 맡은 장면을 코딩으로 구현한 후, 여러 개의 장면을 연결 지으면 동아리 친구들이 하나의 큰 작품을 완성할 수 있다. 협업의 과정을 통해 친구와의 소통, 배려, 양보, 집단 지성을 배울 수 있다.

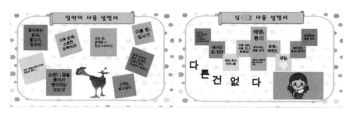

잼보드 활용해서 잎싹이 소개하기 | 잼보드 활용해서 나들 소개하기

자기소개 코딩하기 | 인공지능 독서 골든벨 코딩하기

〈코딩 수업 소감문〉

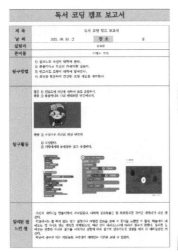

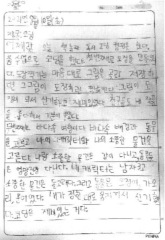

〈과학자의 서재〉
: 코로나를 뚫고 과학 샛길

책 소개: 〈과학자의 서재〉(글 최재천, 그림/만화 박근용, 움직이는 서재)

〈과학자의 서재〉는 최재천 교수의 성장기를 함께했던 의미 있는 책들을 소개하고 있다. 힘들고 어려웠던 시기를 책으로 어떻게 넘겼는지, 인생 굴곡의 생생한 에피소드와 함께 솔직한 생각, 조언을 쉽고 재밌게 담아 낸 책이다. 더불어 과학자라는 진로를 선택하고 담담하게 학문의 길을 걸어간 그의 삶도 엿볼 수 있다. 청소년기 학생들이 진로를 선택하는 데 도움이 되는 중요한 메시지를 곳곳에서 찾을 수 있다.

2021년 여름, 코로나가 한창이던 때, 매일 변경되는 '집합 금지' 조치에 모임을 하는 것은 더욱 힘들어졌다. 함께 책을 읽던 가족들은 고심하며 비대면으로도 할 수 있는 묘안을 짜냈다. 방법은 있었다. 비대면 줌으로 샛길 활동은 계속되었으며 가족과 오붓하게 활동하고 결과물을 온라인으로 공유하면서 함께하는 책 읽기의 즐거움을 유지할 수 있었다. 하반기에 이르러 모임 규정이 완화되자 미뤄두었던 다양한 체험 활동을 할 수 있었다. 그간 직접 알아볼 수 없었던 호기심의 허기를 충분히 달래며 과학과 진로의 궁금증을 맘껏 해소할 수 있었다.

	샛길 활동	활동 방법과 내용
1단계 온라인 샛길	온라인 가족 샛길 활동	'코로나여도 괜찮아' 1. 우리 집 서재 2. 나도 과학자 3. 우리는 과학 탐험대
2단계 가족 샛길	따로 또 같이 가족 과학 체험	초등 저학년 막내: 〈이토록 멋진 곤충〉 읽고 곤충생태관 관람 초6 오빠: 첨단과학관 견학 및 체험 중1 언니: 영화 '싱크홀' 관람
	'만약 TV가 없다면?' 가족 토론과 체험하기	1. 〈텔레비전이 고장 났어요〉를 같이 읽는다. 2. 텔레비전이 고장 나면 할 수 있는 일을 이야기한다. 3. TV가 없을 때 하고 싶은 일을 투표해서 정하고 그 일 을 같이 한다.
	〈난중일기〉 읽고 현충사 견학	1. 〈난중일기〉를 가족과 함께 읽는다. 2. 하브루타로 질문한다. 3. 현충사를 견학한다.
3단계 또래 샛길	또래끼리 토론하기	• 토론 주제 '기술 문명이 발달할수록 인간은 행복한가?' • 찬성 vs 반대 팀 토론 활동 • '과학의 양면성'을 주제로 글쓰기
	제로웨이스트와 업사이클링 또래 체험	〈마을 체험: 까치공방〉 • 지구온난화와 기후 위기 • 과학 이론을 적용한 아로마 체험: '나만의 디퓨저 만들 기'

	핸즈온 과학 체험	〈과학독서캠프: 손에 잡히는 과학 체험〉 •장소: 용산 핸즈온 캠퍼스 (서울시 용산구 청파로 74 전자랜드(신관) 4층 450호) •체험 내용: 레고 로봇을 이용한 소프트웨어 체험관 8개로 구성
4단계 체험 샛길	잡월드 진로 체험	〈잡월드 진로 직업 체험〉 •분당 잡월드: 경기 성남시 분당구 분당수서로 501 •어린이체험관, 청소년체험관, 숙련기술체험관, 진로설계관 체험

샛길1 | '코로나여도 괜찮아' 줌으로 함께하는 샛길 활동

7월 여름방학을 맞이해서 과학 테마 샛길 활동을 준비했다. '나도 과학자' 활동에서는 과학 키트 만들기를 했다. 곤충채집 관찰 세트, 개미집, 곤충 비누 만들기, 오르골 만들기, 로켓 만들기, 다빈치 투석기, 테라리움 만들기 중에서 하나를 골라 가족과 함께 조립하고 완성한 후, 보고서를 작성하는 활동으로 마무리하였다. 방학을 맞이해 가족과 함께 읽을 책을 소개하는 '우리 집 서재' 활동도 추가하여 가족이 함께 책 읽기를 하는 방학이 될 수 있도록 하였다.

일정	출석 체크
활동 내용	가족 출석 체크 및 전체 일정 안내
활동 사진	

일정	우리 집의 서재
활동 내용	○우리 집의 서재
	- 우리 가족이 여름방학 동안 읽을 과학 관련 책 소개
	- 아이 대표, 부모 대표(각 1권씩 소개)
	- 책을 들고 줌 화면에 소개
	○인사 및 책 소개 후 다음 가족 지명
활동 사진	

일정	가족과 함께 과학 체험
활동 내용	ㅇ나도 과학자
	- 키트별 간단한 소개
	- 가족 미션 밴드에 올리는 방법 안내

일정	과학 키트 만들기 체험
활동 내용	ㅇ가족별 과학 키트 만들기
	- 과정샷, 활동샷, 완성샷 최소 3장 이상 사진 찍기
	- 공유한 탐구 보고서 작성

일정	가족 미션
활동 내용	○가족별 과학 키트 만들기
	- 밴드 업로드
	- 활동 사진을 간단한 후기와 함께 올리기
	- 탐구 보고서 올리기

〈과학 탐구 보고서〉

〈우리들의 서재〉

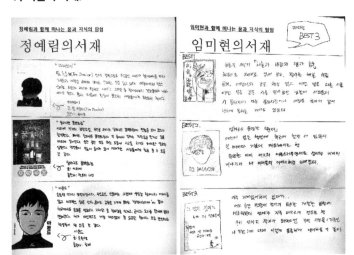

계속된 코로나의 여파로 샛길독서를 함께하는 것은 어려워 보였다. 하지만 방법은 있었다. 줌으로 삼삼오오 가족끼리 소규모로 모여, 같이 정한 과학 미션을 하나씩 완수하는 것. 이렇게 하니 오히려 가족별로 다양한 샛길 활동을 공유하며, 나누는 재미가 배로 커졌다.

지윤, 지아네 가족 샛길

<독서 샛길> 개미에 대한 다른 책 읽어보기

책으로 만들어보는 생물 도감

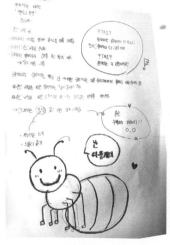

개미 이야기 그리고 정리

개미 이야기 책으로 완성

이번 미션은 둘째 지아 위주로 책을 골라 다 같이 최재천 교수님의 어린이 개미 이야기 세트를 읽어보기로 했습니다. 궁금한 부분은 영상으로 더 찾아보기도 하고 검색해 보며 개미에 대해 깊게 알아보았습니다. 특히 개미의 혼인비행이 제일 재미있어 지아는 만화로 그려보고 지윤이는 간략하게 정리했습니다.

태권도 학원 가기 전에
차에서 간식 먹고 읽고 있어요.

<조심! 우리는 살아 있어요>
책으로 밥상머리 대화를 했어요.

책 중에 질문 하나를 골라서 하루에 하나씩 대화하니 아이들이 이젠 식사할 때마다 하브루타 하자고 조르네요^^

다양한 물고기가 있는 이유는 "맛있다!!"로 결론이 났어요. 이어서 먹이사슬도 그려보았습니다.

<생명, 알면 사랑하게 되지요>, <어린이 대학>, <조심! 우리는 살아 있어요>, <이토록 멋진 곤충>을 읽고 활동하고, 여름방학 동안 읽을 책으로 <삼국지>와 <장영실 위인전>을 골랐어요.

지수네 가족 샛길

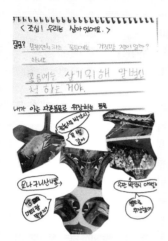

책에 나온 질문 중 하나를 골라 같이 이야기
해 보고, 위장하는 동물들을 찾아봤어요.

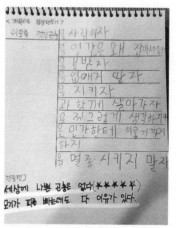

〈이토록 멋진 곤충〉의 뒷부분을 완성해 보고
이토록의 의미를 생각해 봤습니다.
이 책의 평점도 주고 한 줄 평도 해보고요.

〈나만의 백과〉 만들기

진짜 책처럼 쓰겠다며 나가는 말까지 썼네
요. 나중에 팔 거라고 합니다.

지수네 가족은 〈이토록 멋진 곤충〉, 〈조심! 우리는 살아 있어요〉를 읽고 좋아하는
질문을 골라 같이 토론도 하고 책 뒷이야기도 완성했어요. 생각그물도 만들어 어떤
곤충이 나왔고 기억에 남는 것들도 써보았어요. 곤충을 좋아하는 아이라 아주 즐겁
게 읽었습니다.

(1) 제로웨이스트, 업사이클링 또래 체험

과학과 관련된 체험을 아이들 스스로 계획하도록 하고, 어른들은 돕는 역할을 한다. 초등학교 고학년이 되면 슬슬 아이들에게 주도권을 넘겨주고 부모나 교사는 가이드나 조력자 역할을 하는 것이 아이들의 자발적인 참여율을 높여준다.

향기로운 냄새를 좋아하는 중1 소녀들은 아로마 체험을 중심으로 한 다양한 과학 원리와 탄소 중립 환경 교육을 슬그머니 얹어서 진행해 본다. 아이들은 자신만의 향기를 찾고 나만의 디퓨저를 만드는 체험을 한다. 과학적 지식이 향기가 되어 아이들 몸에 스며든다.

(2) 또래끼리 찬/반 토론

〈과학자의 서재〉를 읽고 아이들이 토론한다 논제부터 아이들이 직접 뽑는다. 이번 토론의 주제는 '기술문명이 발달할수록 인간은 행복한가?'이다. 제법 진지한 주제로 아이들은 찬성과 반대 중 하나를 선택한다. 각각 토론할 자료를 조사하고 순서를 정해가며 각 측의 입장을 발표한다. 기나긴 토론 끝에 나름의 결론을 만들어내고 글쓰기로 자기 생각을 정리하며 마무리한다.

'나만의 디퓨저 만들기' 또래 체험

또래끼리 찬/반 토론하기

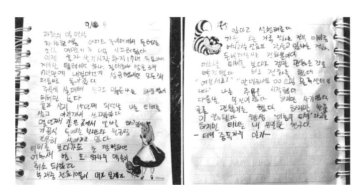

〈과학의 양면성〉에 대한 학생들의 글

〈가족, 마을 친구와 함께하는 샛길독서 연간 일정(2021년 예시)〉

일시 (토)	활동명	활동 내용	중심 책	연관 도서	연관 체험
05. 22	오리엔테이션 & 안전교육	개교식 및 마음 열기	오리엔테이션	〈시골 쥐 서울 쥐〉 〈할머니의 조각보〉 〈반쪽이〉	· 딸기 따기 체험 · 농업박물관 · 그림책 원화전시회
	책, 놀자! 수업	슬로리딩	〈그 많던 싱아는 누가 다 먹었을까〉 (~109p.)		
05. 29	책, 놀자! 수업	슬로리딩	〈그 많던 싱아는 누가 다 먹었을까〉 (~180p.)	〈달걀은 달걀로 갚으렴〉	· 양계장 체험 · 공예 체험 · 해우재 견학 · 수원시립미술관
	또래 독서 체험				
06. 12	책, 놀자! 수업	슬로리딩	〈그 많던 싱아는 누가 다 먹었을까〉 (~240p.)	〈나목〉 〈노란집〉	· 안양천에서 자전거 타기 · 서울국제도서전 (코엑스)

06.26	가족 독서 체험	작가 박완서 관련 체험	〈그 많던 싱아는 누가 다 먹었을까〉	〈손〉 〈이 세상에 태어나길 참 잘했다〉 〈노인과 소년〉	• 아차울 노란집'과 근교 탐방 • 인창도서관 • 곤충생태관 • 구리시 고구려대장간 마을
07.10	책, 놀자! 수업	과학 테마 독후 활동	〈과학자의 서재〉	〈어린이 대학〉 〈생명이 있는 것은 다 아름답다〉	• 국립생태원
07.24	자연 속 독서 캠프	책 속 주인공 같은 자연 속 체험	〈그 많던 싱아는 누가 다 먹었을까〉	〈7년 동안의 잠〉	• 외갓집 체험 마을
08.14	코딩 독서 캠프	코딩 활용 독서캠프	읽은 책과 코딩을 활용한 작품 제작	〈코딩 과학 동화 팜〉 〈아라, 별을 코딩하다〉	• 나만의 이야기 만들기 • 독서 골든벨 만들기
08.28	책, 놀자! 수업 또래 독서 체험	과학 테마 독후 활동	〈난중일기〉	〈청소년을 위한 징비록〉	• 현충사 • 거북선 프라모델 만들기 • 공예 체험 • 직업 체험 • 잡월드 체험
09.11	책, 놀자! 수업	과학 테마 독후 활동	〈마술의 손〉	〈에디슨 아저씨네 상상력 하우스〉	• 전기박물관 • 에디슨박물관 • 마술 체험
09.25	가족 독서 체험	과학 테마 독서 연계 체험	〈과학자의 서재〉	〈나는 화성탐사 로봇 오퍼튜니티입니다〉	• 과천과학관 체험
10.09	책, 놀자! 수업	인성 테마 독후 활동	〈수일이와 수일이〉	〈누가 진짜 나일까〉	• 시청/동사무소 방문-도움이 필요한 사람들 알아보기

10. 23	책, 놀자! 수업 또래 독서 체험	인성 테마 독후 활동	〈하늘은 맑건 만〉	〈내가 제일이다〉 〈양심을 지킨 사람 들〉	• 긴급 구호시설, 봉사 단체 방문 및 체험
11. 13	가족 독서 체험	인성 테마 가족 운동회	〈하늘은 맑건 만〉	〈고양이〉 (현덕)	• 양평 산음자연학 교 • 폐교(가족) 캠핑 장 • 양평친환경농업 박물관
11. 27	책, 놀자! 수업	인성 테마 독후 활동	〈투명한 아 이〉	〈이야기는 이야기〉 〈어린이를 위한 정 의란 무엇인가〉 〈참 다행인 하루〉 〈돌 씹어 먹는 아 이〉	• 양천구 장애인 교 육센터 • 문화공연 관람
12. 4	성장 나눔 발표 회 가족 봉사 체험	가족별 소감 발표	독서 퀴즈 소감문 발표 설문지 참여	〈위를 봐요〉 (정진 호)	봉사 체험

part 4

적 용

위대하게 뛰어넘기

결국
다시 글쓰기!

아이들에게 책을 읽고 나서 느낀 점을 말하거나 쓰라고 하면 열 명 중 여덟, 아홉 명은 '재밌다'로 간단하게 끝내버리고 만다. 아마도 이 단어는 전국의 학생들이 애용하는 마법의 단어임이 틀림없다. 그러고 보니 '재밌다'라는 말은 참으로 신통방통하다. 아이들 처지에서는 책 한 권 읽고 나면 빚쟁이처럼 뭔가 바라는 눈빛으로 자꾸만 꼬치꼬치 캐묻는 어른들이 부담스럽기만 하다. 이런 질문 공세에 '재밌었어요'라는 말로 대충 얼버무리면 '어, 그래. 이 정도면 됐구나!' 하고 더 이상의 질문을 하지 않으니 너무 좋은 말 아닌가. 때때로 빈약한 어휘 창고에서 딱 맞는 표현을 찾기 힘들 때, 고민할 필요 없이 그냥 좋은 느낌만 간단하게 '재밌다'라고 쓰면 되니 아주 편하고 좋다.

그런데 문제는 '재미있다'라는 표현만 자꾸 쓰다 보니, 좀 더 섬세하고 구체적으로 표현하는 것이 점점 더 어려워진다는 점이다. 이러다가 아이들의 생각과 느낌조차 단순해져 버리지 않을까 하는 괜한 노파심이 들기도 한다. 마법의 단어 '재미있다'를 넘어 아이들의 생각과 느낌을 다양한 말로 끄집어내는 방법은 없을까.

슬로리딩을 처음 만든 하시모토 다케시 선생은 국어 실력의 열쇠가 되는 것은 바로 '쓰기' 습관이라 말했다. 아이들이 초등학교를 입학하고 상급학교에 진학할수록 자신 생각과 의견을 글로 작성해 낼 일이 많아진다. 중학교에서는 각종 대회나 수행평가를 대부분 서술형, 논술형으로 실시한다. 글을 쓰는 연습을 미리 하지 않은 아이들에겐 이 시간이 너무 힘들다. 자신이 아는 것, 느끼는 것, 주장하고 싶은 것을 글로 보기 좋게, 읽기 좋게 쓰는 것은 쉽지 않은 일이기 때문이다. 게다가 글쓰기 실력은 단기간에 늘기도 어렵다.

그러나 슬로리딩, 샛길 활동과 함께하면 글쓰기가 늘 어렵지만은 않다. 오히려 재밌어질 때도 있다. 책을 읽고 단어를 정리하고, 정리한 단어로 짧은 글짓기를 하고, 책 속에서 질문할 거리를 찾아 친구, 가족들과 대화를 나누고 그 내용을 모아 하나의 글로 조합해서 쓰면 훨씬 쉬워진다. 충분히 생각하고 들었기 때문에 쓰고 싶은 말, 적고 싶은 말이 자연스럽게 많아지는 것이다. '책에 나온 곳을 체험하거나 견학하고 나서 글을 쓴다고 가정해 보자. 책의 어떤 부분이 궁금해져서 갔다 왔는데 거기서 어떤 체험을 하고 주인공의 어떤 감정을 느낄 수 있다' 정도로 연결해서 써도 금방 근사한 글이 완성된다. 책을 천천히 읽으면서 각 과정의 느낌을 충분히 생각하며 활동을 해왔기 때문에 그 결과물을 글로 연결해서 쓰는 것은 쉽고 재미있게 느껴진다.

그러므로 될 수 있으면 천천히 읽고 멈추는 모든 과정의 끝에 짧게라도 글을 써서 기록을 남겨두어야 한다. 그렇게 써둔 글을 연결하면 나중에도 어렵지 않게 긴 글을 완성할 수 있기 때문이다. 책을 읽는 과정 중에 잠시 들른 샛길 활동에서 차곡차곡 쌓아둔 짧은 글의 흔적을 보고 그때의 감정을 쉽게 불러들여 새로운 글로 완성할 수 있으니 더 없이 편하고 좋다. 마지막엔 결국 글쓰기가 남는다.

사고가 변화하고 생각이 자라고 두루뭉술했던 느낌이 구체화 되는 경험을 글로 기록하면서 자신의 변화와 성장을 눈으로 확인할 수 있다.

2016년에 시작한 '공부하는 엄마, 성장하는 아이' 마을공동체는 나중에는 아빠들까지 참여하며 '공부하는 부모, 성장하는 아이'로 이름을 변경하여 운영하였다. 2020~2021년에는 경기

꿈의 학교, '책, 놀자!'라는 이름으로 아이들 독서 모임을 계획하고 지원도 받았다.

초등학교 1학년 때 독서 모임을 시작했던 아이들이 초6이 되던 2021년 12월에는, 마을공동체 모임에서도 졸업식을 하고 활동을 마무리했다. 하지만 아이들과 책을 읽고 마을 전국을 누비며 체험했던 추억은 그대로 남아 있다.

'책, 놀자!' 회원 중 몇몇은 함께 작성해 두었던 가족 독서록을 가족 사진첩만큼이나 소중히 여긴다고 한다. 이사를 해도 버리지 못하고 때때로 꺼내서 추억을 곱씹기도 하고 읽었던 책을 다시 읽기도 한다는 것이다. 어떤 가족은 책을 읽고 다양한 경험을 한 덕분에 학교에서 독서록 쓰는 일이 힘들지 않았다는 후일담도 전해주었다. 그만큼 글쓰기는 추억이 되고, 돈으로 따질 수 없는 소중한 자산, 유용한 글쓰기 재능이 되어 오래도록 남는다. 따라서 책을 읽고 많은 샛길 활동을 하더라도 글쓰기로 마무리하는 것을 절대 잊으면 안 된다.

'치고 빠지기'를 잊지 말 것!

둘째 아들이 초등학교 1학년 때 시작한 마을공동체 독서 품앗이 활동은 아이들이 6학년이 될 때까지 계속되었다. 이 시간 동안 아이들은 몸도 마음도 성장하고 변화했다. 원하는 것, 좋아하는 것도 달라졌다. 남자아이, 여자아이의 성별에 따른 성향도 다르고 몸으로 노는 아이, 머리로 생각하는 아이, 지시을 받아들이고 즐기는 방법도 각각 달랐다. 요구 사항이 많아졌고 통제보다는 자유를 원했다. 그래서 아이들이 초등 고학년이 되고 나서는 책 읽기 유도 전략을 조금 달리 했다.

첫째, 무엇을 하고 싶은지 물어보기
둘째, 스스로 해볼 기회 주기

아이들의 의견을 물었다. 책 읽기가 무엇인지, '책, 놀자!' 활동의 좋은 점, 힘든 점에 대한 의견을 듣고 그 의견을 반영하여 새로운 해의 모임을 시작했다.

2021년에는 초1~중1까지 다양한 연령대가 모여 있어서 그들이 원하는 독후 활동의 스타일대로 선택해서 활동하도록 유도했다. 독서 교육 전문 강사분이 주도적으로 활동을 유도해 주는 '㈜키움반', 강사가 주도하는 비율과 아이가 주도하는 비율이 반반인 '㈜탐색반', 아이들이 활동을 주도하는 '㈜설계반'으로 나누어 운영했다.

'㈜설계반'에서는 '샛길 활동'과 '독후 활동'을 스스로 정해 보도록 했다. 부모는 보조자의 역할만 하고 아이들이 스스로 독후 활동을 기획하고 운영, 진행해 보는 기회를 주었다. 아이들은 커나갈수록, 자유롭지 못하고 억압받는 느낌, 누군가가 시켜서 한다는 느낌을 싫어하기 마련이다. 이럴 때는 오히려 그들에게 활동의 주도권을 넘겨주고 어른들은 조금 멀리서 지지하고 응원하는 역할로 바뀌어야 한다. 이렇게 어른들의 관심과 도움도 적절한 때에 주었다가 아이들이 원치 않을 때는 빠지는 '치고 빠지는' 센스가 아이들의 독서 독립에는 필수다. 이런 과정을 통해 아이들의 주도성이 자연스럽게 커나간다.

실제로 일정이 시작되고 아이들이 스스로 독후 활동을 계획하고 진행하니 처음에는 우왕좌왕했다. 하지만 시간이 지나고 횟수를 거듭할수록 나름의 규칙이 세워지고 서로 이야기를 듣고 질문하고 새로운 의견을 내기도 하면서 독후 활동과 샛길 활동이 점점 다양해지기 시작했다. 조별로 고심해서 책의 내용을 묻는 퀴즈 문제를 내거나 게임을 만들기도 했다. 수업에 따라 아빠들에게 진행을 요청하는 등 아이들의 상상력은 점점 더 기발해졌다.

최소한의 원칙
최대한의 자유

이 활동을 하면 아이들이 다치지 않을까, 이렇게 하면 아이들끼리 싸우지 않을까, 비가 오면 어떡하지, 차가 막히면 큰일인데… 등등의 걱정으로 적기 교육을 놓치는 경우가 허다하다. 중요한 것은 지금 이 시기에, 이 경험이 꼭 필요하다면 작은 불편은 감수하고라도 과감하게 실행에 옮겨야 함을 기억해야 한다.

지금 이 책을 읽고 박물관을 가보는 게 꼭 필요한 경험이라고 생각되었다면 최대한 빨리 실행에 옮겨야 한다. 아이들이 책을 읽고 그 느낌과 호기심이 남아 있을 때가 바로 적기이기 때문이다. 이럴 때에는 차가 막히는 삼천포라도 다녀오는 결단력이 때로는 필요한 것이다. 막히는 차 안에서 녹음해 두었던 책을 다시 듣거나 책 내용으로 잠깐 퀴즈를 하거나, 박물관 안내를 검색해 보고 큰소리로 읽어보는 시간을 가져보자. 자투리 시간을 활용하는 꽤 괜찮은 또 다른 샛길 활동으로 연결될 수도 있으니 너무 큰 걱정은 하지 않아도 된다. 그러나 때로는 정말 시간과 여건이 좋지 않을 때가 있다. 이럴 때는 거창하고 대단한 활동보다 지금 주변에서 할 수 있는 것이 무엇인지 알아보고 실행에 옮기면 된다.

즐겁고 신나는 샛길 활동이지만 잊지 말아야 할 것이 있다. 샛길 활동을 할 때는 이 활동의 출처가 된 원래 책을 다시 살펴보고 어떤 이유에서 이 활동을 하게 되었는지 설명과 안내를 반드시 해주는 것이 좋다. 예를 들면 〈자전거 도둑〉을 읽고 세운상가를 간다면 책에 나온 세운상가의 풍경, 상인들의 모습을 먼저 면밀히 살펴보고 '현재의 세운상가를 살펴보러 갈까'라는 동기부여를 하고 체험 학습을 가는 것이 좋다.

교육적 필요와 이유에 대한 이해 없이 여러 가지 활동을 잡다하게 늘어놓는 것은 오히려 활동의 집중도를 떨어뜨리고 피로감만 키우게 된다. 책을 읽고 아이들에게 어디를 가보고 싶은지 묻고, 가족회의를 통해 장소를 정하고 조사하고 실제로 찾아가 본다면 더욱 좋다.

하지만 아이들의 흥미와 재미를 위해서는 큰 교육적 효과를 강조하기보다는 재미있는 활동을 앞세우는 운용의 묘가 필요할 때도 있다. 물론 책 읽기를 멈추지 않는다는 큰 목적에 맞는다면 즐거움을 주는 모든 활동은 가능하다.

때때로 아이들은 엉뚱하고 기발한 단순한 활동에도 뜻밖의 관심과 흥미를 보인다. 따라서 책과 관련된 다양한 활동을 허용하되, 잊지 말아야 할 것은 샛길 활동을 하는 목적과 주의 사항을 정확히 전해야 한다는 것이다. 활동하는 환경이 안전하고 주제가 명확한 상황에서 아이들은 편안함을 느낀다. 이런 바탕 위에서 자율성과 창의성도 자연스럽게 성장할 수 있다.

은밀하고 위대하게
가족 독서로 스며들기

샛길독서는 책 속에서 발견한 사소한 호기심에도 기꺼이 샛길을 만들어 질문하고 체험하며 책이 주는 경험을 극대화하는 독서법이다. 혼자서 읽는 것도 좋지만 읽는 사람들이 많고 다양할수록 책을 통한 경험을 무한대로 확장할 수 있어 더없이 좋다. 처음에는 아이만, 엄마만 읽었던 책을 조금씩 시나브로 가족 모두가 함께 읽는 분위기가 만들어진다. 아이와 엄마가 같이 읽던 동화책을 주말에는 아빠가 읽어주거나, 집 근처 도서관에 가서 매달 한 권씩 같이 읽을 책을 선정하고 가족 모두가 같은 책을 읽어보는 작은 시도도 해본다. 이런 분위기 속에서 공통된 주제와 내용으로 대화를 나눈다면 어떨까. 요즘처럼 각자의 휴대전화에 갇힌 개별화된 세상에서 나와 책을 통해 서로 나누고 공감할 수 있는 대화를 시도할 수 있지 않을까.

가족 책 읽기는 좋다고 알려진 그 어떤 교육보다 좋다. 가족이 함께하며 결속력을 다져서 좋고, 함께 나눌 수 있는 대화의 주제가 생겨서 더 좋고, 다양한 샛길 활동을 같이 하면서 재미와 추억이 생겨서 더더욱 좋다.

가족 모두의 독서는 언제나 옳다. 특히, 아빠의 참여가 중요하다. 아빠가 함께하는 책 읽기는 엄마와는 또 다른 접근과 관점의 차이를 제공한다.

해환이네는 아빠와 함께 역사적 지식을 나누고 역할극을 한다. 건호, 주원이네는 아빠 중심으로 책을 읽기 시작하자 책을 읽기 싫어하던 아이들도 점점 참여했다고 한다. 보민, 서현, 윤석이네는 아빠와 함께하는 '가족, 책 놀자' 시간이 즐거운 간식시간이자, 정기적인 가족 행사로 자리 잡아 캠핑 때도 빼놓지 않고 챙기는 중요한 일정이 되었다고 한다.

우리 집 둘째 아이, 지금은 중3이 된 아들의 가장 인상적인 '책, 놀자!'도 아빠가 해주었던 수업이라고 한다. 아빠가 친구들 앞에서 책에 대한 이야기를 해주고 퀴즈도 내고 문제를 풀었던 경험이 잊히지 않는다는 것이다. 이렇게 아빠의 참여는 가족 독서에서 중요한 중심점으로 작용하여 함께하는 책 읽기를 비로소 완성할 수 있는 핵심 요소가 된다.

아이와 어른의 차이, 엄마와 아빠의 다른 생각, 누나와 동생, 남자와 여자, 나이에 따른 생각의 차이로 다른 견해가 오고 가는 가운데 아이들은 교과서 속 지식을 뛰어넘어 세상의 지식과 지혜에 한 발 더 다가설 수 있게 된다.

특히 한 해를 시작하는 새해에 가족과 함께 독서 서약을 해 보면 어떨까. 정해진 요일, 따뜻한 차와 맛있는 간식을 준비하고 가족을 불러 모아 보자. 막내가 읽고 있는 책 한 권을 같이 돌아가며 성독하고 인상적인 문구와 자기 생각을 돌아가며 말하는 단순한 활동만으로도 뿌듯함을 느낄 것이다. 그 작은 도전과 노력은 생각보다 위대한 독서의 힘이 되어 돌아올 테니 믿어도 좋다.

가족 독서문, 가족 독서 미션 서약서 예시 (부록1. 양식 9, 10 참고)

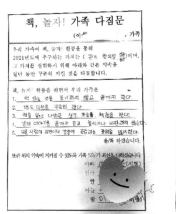

가족 독서 다짐문

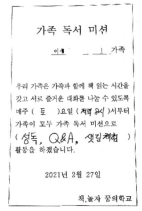

가족 독서 미션 서약서

재미와 배움
샛길독서의 무한 매력

함께하는 책 읽기 마을공동체, 경기 꿈의 학교, '책, 놀자!'는 나에게, 혹은 우리 가족에게 무엇이었을까. 슬로리딩을 통한 샛길독서의 무한 매력은 '책, 놀자!' 마을공동체를 6년간 함께하고 난 뒤 마지막 소회를 전하는 글 속에서 발견할 수 있다. 그 글 속에는 책을 읽고 친구, 선생님, 가족과 같이했던 체험과 여행, 공연 등이 얼마나 재미있고 중요한 경험이었는지가 고스란히 담겨 있다.

'책 놀자'는 우리 가족에게 ○○○이다.

    '행복한 추억'이다.

    직업도 다르고 성격도 다른 다양한 사람들과 같은 책을 읽고 서로 공감하고 다른 생각을 나누는 시간을 가질 수 있어서, 알

2021년 성장 나눔 발표회 〈책, 놀자! 한 줄 소감문〉 사진

차고 뜻깊은 시간을 보낼 수 있어서 '책, 놀자!'에 감사합니다.
2021년 '책, 놀자!'를 만나서 잊지 못할 추억도 생기고 엄마들
과 책을 읽는 방법에 대한 고민도 나누면서 한결 가벼워진 마
음입니다. (수아네 가족)

'변화'이다.

가족 독서라는 걸 알게 되었고 시작하게 되었다는 것, 책에 대
한 인식을 바꾸고 책을 읽는 습관을 기르게 되어서 참 감사하
고 좋았습니다! (지윤, 지아 가족)

'가족 나들이'이다.

〈빌리 엘리어트〉 공연 본 것이 기억에 남는다. 배우들 연기와

퍼포먼스가 인상 깊었기 때문이다. 다양한 책을 읽어볼 수 있어서 좋았다. 코로나로 인해 활동이 다소 제한되긴 했지만, 책과 체험, 가족이 함께하는 활동형 프로그램이 너무 좋았다. (해율, 예림이네 가족)

'함께하는 기쁨'이다.

오랜만에 가족이 둘러앉아 즐겁게 이야기 나누는 시간을 가졌어요. 편안하게 한 가지 질문에 돌아가며 이야기 나누고 정리해서 적어보았습니다. 삼 남매에게 '책, 놀자!'가 너무 소중한 시간이었다는 건 한마음이었어요. (보민, 서현, 윤석이네 가족)

'또 다른 여행'이다.

2022년에는 세계 고전이나 다양한 장르의 책들을 읽고 여러 경험을 접하며 아빠들이 만드는 꿈의 학교도 재미있을 거 같다. (위건이네 가족)

'즐거움'이다.

아이들에게 '책, 놀자!'는 즐거움으로 마무리하면 될 거 같아요. 매일 독서 미션을 하니, 아이들이 어떤 책을 읽고 어떤 생각을 가지게 되는지 엿볼 수도 있고 단어 찾아보는 좋은 습관을 지닐 수 있게 된 점도 너무 좋았습니다. (세영, 세아네 가족)

'꽃다발'이다.

각각의 꽃들이 모인 것처럼 다양한 체험으로 가득하고, 선물 받은 것처럼 기분 좋기 때문에 '책, 놀자!'는 '꽃다발' 같아요. 아빠도 함께 수업에 참여한 게 기억에 남고 책으로 여러 샛길 활동을 할 수 있다는 것을 알게 되니 책 읽을 때마다 뭐 해볼까 고민하는 가족의 모습에 흐뭇합니다. (태환이네 가족)

'놀이터'이다.

'한국잡월드' 체험이 가장 기억에 남는다. 적성검사로 내 적성을 알게 되고 다양한 직업 체험을 한 것이 좋았다. '책, 놀자!'에서 읽은 책이 거의 다 재미있었고 새로운 것을 많이 알게 되고 체험을 많이 한 것이 특히 좋았다. (주원, 건호 가족)

'체험'이다.

'책, 놀자'가 벌써 1년 끝나버렸네요. 연초에 열심히 해야겠다는 마음은 후회만 남아 있네요. 같이 읽었던 책, 〈몽실언니〉, 〈그 많던 싱아는 누가 다 먹었을까〉 등등 맘속에 꼭 새겨 넣겠습니다. (채원, 채인이네 가족)

'게임'이다.

게임만큼 재미있고 계속하고 싶다고 하네요. 역시 '책, 놀자!'입니다. '박완서 체험'처럼 책 속으로 여행이 좋았어요. 끝난다

는 게 슬퍼요. 오래오래 함께하고 싶어요. (시후네 가족)

'지식과 재미를 주는 곳'이다.

〈수일이와 수일이〉가 가장 기억에 남는다. '나와 또 다른 나'라
는 설정이 흥미로웠고 책을 읽고 〈빌리 엘리어트〉 뮤지컬을 본
것이 좋았다. 배우들이 연기를 너무 잘하고 그 어떤 활동보다
내용이 좋고 재미있었다. (해환, 해찬, 해나네 가족)

'독서하게 하는 힘'이다.

'책, 놀자!' 캠핑을 못 가서 아쉽다. 그래도 재미있는 활동을 많
이 하고 다양한 추억을 쌓을 수 있어서 좋았다. 〈빌리 엘리어
트〉 공연이 너무 감동적인 이야기여서 기억에 남는다. (수린, 건
우, 예린이네 가족)

'다 함께 성장하는 시간'이다.

다 같이 배우고 성장해서 좋았다. 코로나 때문에 체험을 많이
못 해서 아쉬웠다. 아빠들의 참여와 체험이 더 많았으면 좋겠
다. (다예네 가족)

'보물 상자'다.

'책, 놀자!'를 통해 즐거운 것, 재밌는 것, 유익한 것을 모두 찾
아낼 수 있기 때문입니다. 나연이는 잡월드 체험을 해서 좋았

고, 수연이는 제로웨이스트 체험이 재밌었습니다. 윤호는 목공 체험이 재밌었고 아빠가 '책, 놀자!' 수업을 해주었을 때가 가장 기억에 남는다고 합니다. (수연, 윤호, 나연이네 가족)

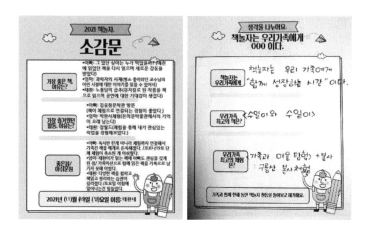

함께하는
샛길독서의 즐거움

샛길독서의 힘은 혼자 할 때보다 함께할 때 더욱 강력했다. 가족과 성독을 하고 녹음하며 달리는 차 안에서 서로의 목소리를 들으며 킥킥거리며 웃고, 김유정의 〈봄봄〉을 읽고 가족이 주말에 '김유정 문학관'으로 소풍을 가기도 했다. 박완서의 〈그 많던 싱아는 누가 다 먹었을까〉의 어려운 말들을 찾고 부모님과 이야기하면서 옛 시절 놀이와 풍경을 떠올리기도 했다. 이렇게 함께하는 읽기, 여러 갈래로 뻗어나가는 샛길독서는 남녀노소, 누구나 참여하고 즐길 수 있다. 그래서 느리게 가는 샛길독서는 재미와 즐거움으로 모두 함께할 수 있다.

작은 시작이
큰 발걸음이 되려면

하루 한 쪽,
샛길 하나

하루에 한 쪽씩 책을 읽고, 느낌과 체험과 대화를 나눈다면 어떨까. 시나브로 쌓이는 독서의 힘은 잔잔한 습관이 되어 나에게 든든한 지적, 정서적 힘이 될 것이다. 샛길독서로 가는 여정을 매일 조금씩, 하루 한 장만 읽는다는 각오로 도전해 본다면 좋겠다. 문득 스치는 궁금증과 호기심을 기꺼이 받아들여 검색으로 질문으로 이야기로 엮어 본다면 누구와도 진솔한 대화를 해 나갈 수 있는 영감을 얻는다.

샛길의 발견은
유연한 사고에서 시작된다

꼭 정해진 길을 가지 않아도 된다는 생각, 꼭 빠르게 달리지 않아도 된다는 믿음, 천천히 가고 있어도 충분히 즐길 수 있다는 여유에서 샛길은 탄생한다. 아이가 책을 읽다가 여기저기 궁금증을 쏟아내도 다 답해주어야 한다는, '좋은 어른' 강박에서 벗어나길 바란다. 한 번에 한 개씩 벽돌 깨듯이, 아이와 함께 궁금증에 대한 답을 찾아가 보길 권한다.

샛길에 빠지는 것과
산만함은 다르다

생각나는 대로 궁금한 대로 샛길로 빠진다고 해서 아무렇게나 어떤 길로나 빠져도 된다는 것은 아니다. 한 번에 한 가지 주제의 샛길, 읽고 있는 책과 관련이 있는 샛길로 넘나들어야 한다. 아무렇게나 아무 데나 왔다 갔다 하는 것과 샛길독서는 다르다. 먼저 책을 충분히 읽는 것을 기본으로 하되, 생각이 멈추는 곳에서 충분한 시간을 갖고 정독하는 것이 먼저다. 그리고 단 하나의 문장, 단어를 충분히 알아보는 것이 필요하다는 생각에 이르면 몸을 움직이고 생각하고 조사해서 샛길 활동을 준비한다. 그리고 독서를 함께하는 참여자 모두가 샛길 활동을 준비하는 과정에 참여하도록 기회를 줘보자. 자율적으로 참여하는 그 과정에서 아이들의 책임감이 자라나고 세상의 지식도 자연스럽게 쌓이게 될 것이다.

어른들도 이런 시도를 통해 모든 독서와 체험의 과정을 무조건 부모가 계획하고 준비해야 한다는 부담에서 벗어날 수 있다. 하지만 부모나 교사 혹은 리더가 책과 샛길의 주제, 관련된 체험이 타당한지 먼저 살펴보고 방향과 현실적인 제한점(시기, 비용, 거리 등)을 명확히 안내해 주어야 한다. 그 안에서 아이들이 충분히 알아보고 결정할 수 있도록 기회를 주도록 하자. 함께 읽고 있는 책의 주제와 메시지를 잃지 않고 샛길 활동을 이어나갈 수 있도록 돕는 것이 중요하다.

작은 시도라도
꾸준하게

어느 가정에서든 어떤 곳에서든 샛길독서는 시작할 수 있다. 작지만 강력한 힘의 원천은 꾸준함에 있다. 샛길독서는 혼자 해도 좋지만, 같이 하면 더욱 좋다. 특히나 아이들은 가족, 친구와 하는 경험을 훨씬 좋아한다. 먼저 누구와 할 것인가. 가족과 먼저 시작해도 좋고 친구와 함께 시작해도 좋다.

같이 읽을 리딩메이트가 정해졌다면 읽을 책을 정한다. 청소년 권장 도서, 도서관 추천 도서 등 인터넷이나 책에서 얻은 책의 목록을 참고하여 정한다. 한 학기 한 권이라도 좋고, 한 달에 한 권이라도 좋다. 주기적으로 책을 읽고 나눌 수 있는 시간을 미리 정해놓고 지킨다. 긴 책은 몇 달씩, 한 달에 한 장씩 천천히 훑어본다.

책을 읽으며 밑줄 친 문장, 인상 깊은 하나의 문장을 나누는 것부터 시작하면 어떨까. 그 문장을 읽고 그 이유와 자신의 감상을 덧붙이는 단순한 활동부터 시작해 보자. 그리고 같이 나눈 대화 중에 더 알고 싶은 것, 찾아보고 싶은 것을 소풍 삼아 함께 찾아가 보는 활동을 한 달에 한두 번씩 꾸준히 할 것을 권한다.

꾸준한 독서 습관은 서로가 정한 약속을 지키려는 노력에서부터 시작된다. 하루하루 쌓이는 샛길독서의 일상과 나눔이 큰 힘이 되어 보다 나은 의사 결정을 할 수 있고 깊은 슬픔에 빠졌을 때 희망을 건넬 수 있는 자양분이 될 수도 있다.

책을 보고 샛길을 발견하고 자기 생각을 나누고 느낌과 변화를 자신의 글로 써보는 선순환의 고리는 대단한 시도로 만들어지는 것은 아니다. 누구든 정해진 텍스트를 읽고 자신의 호기심을 따라가는 적극적이고 유연한 마음이 위대한 결과를 만들어 낼 수 있다. 그 위대함도 때로는 눈에 보이지 않고 쉽게 쌓이지도 않겠지만, 스스로는 안다. 조금씩 자기 생각이 바뀌고 자꾸만 책을 보게 되고 즐거운 상상으로 책을 더 가까이 친근하

게 느끼고 있음을. 그러한 태도의 변화, 그런 마음가짐의 변화
는 샛길독서가 주는 가장 큰 선물이 될 것이다.

매주 토요일
새벽 4시

작가로서 제2의 삶을 여는 시간이다. 주어진 시간이 얼마 되지 않아, 아무도 깨지 않은 새벽 시간을 이용해 글을 쓴다. 이른 아침부터 빠르게 움직여야 필요한 만큼의 집중력과 체력을 확보할 수 있기 때문이다. 거친 내 생각과 노력 그리고 경험이 책이라는 작은 결실이 되길 바라는 마음 하나에만 집중했다. 결국, 이 단순한 동기 하나가 긴 작업을 이어나갈 수 있는 유일한 힘이 되었다. 처음에 독서 모임을 시작할 때도 혹시 모를 실패의 두려움을 떨쳐버리려 '그냥 해보자. 안되면 말지!'라고 생각하고 시도했다. 구체적인 계획과 준비 없이 시작했으니 당연히 실수와 시행착오는 있었고 힘들 때도 있었다. 그러나 다행히도 주변 사람들, 이웃의 도움으로 곧 돌파구를 찾아내곤 했다.

마을공동체를 하는 동안 매년 1월은 1년의 독서 계획을 짜고 회의하느라 바쁜 한 달을 보냈다. 그런 시간을 여섯 번 보내고 나니 6년이 흘러 있었고 어느새 열네 가족, 60여 명의 사람들이 내 곁에 남아 있었다. 글을 쓰는 과정도 같았다. 일단 시작했고 글을 썼고 출판사와 지인들의 도움으로 한고비 한고비를 넘기고 여기까지 오게 되었다. 투박했던 글감들이 수정과 고심을 거듭하면서 서서히 형체를 갖추고 공공의 글로 읽을 만해질 때까지 몇 번의 새벽을 맞이해야 했을까. 머릿속에서 떠돌아다니는 막연한 생각을 누군가는 정리하고 계획해서 완벽하게 준비되어야 행동하지만 나는 반대였다. 어디서 나온 용기인지 모르지만 일단 해보고 나중에 생각하는 행동형 인간이었다. 배운 것을 해보고 느끼고 글로 정리하면서 기어이 내 것으로 만들어내야 직성이 풀리고 마는 거꾸로 인생을 살고 있는 것이다.

글을
쓴다는 것은

나의 실수와 부족함을 직면하는 것이 곧 글쓰기였다. 동시에 내가 애쓴 흔적들을 딱 맞는 상자에 이름표를 달아 정리하는 일이기도 했다. 막연히 알고 말하고 실천했지만 한 일들을 막상 이렇게 쓰고 정리하고 보니 나름의 원리와 단계로 실천하였음을 알게 되었다. 글을 쓰지 않았더라면 절대 보이지 않았을 것들이었다.

글을 쓰는 동안 거친 행적들이 가지런한 보석으로 탄생하

고 있었다. 아직도 연마하고 가다듬을 뾰족하고 거친 면이 많
지만, 같이 책을 읽고 나눔으로써 다양한 경험과 살아 있는 지
식이라는 빛나는 원석들을 발견하게 된 것은 기적 같은 일임이
틀림없다.

'슬로리딩'을 접하고 아이들과 엄마들과 실천하고 다양한
샛길 활동을 하며 샛길독서라는 나만의 독서법을 만들어내는
과정은 글을, 생각을 정리하고 쓰는 과정과 정확히 일치했다.
슬로리딩을 실천하고 적용하는 거친 실천의 경험들이 글을 쓰
는 과정을 통해 샛길독서라는 이름으로 새롭게 태어날 수 있게
되었고, 많은 사람들이 읽고 이해할 수 있는 보다 명확한 형태
를 비로소 갖출 수 있게 되었다. 글을 쓴다는 것은 경험 너머의
세상을 여행하는 것이고, 엉킨 생각과 고민이 가지런히 정리되
는 마법 같은 시간이 되었다.

새로운 길을 발견하는
샛길 탐험

누군가는 정확한 길을, 정해진 답을 찾으면 되지 굳이 왜 샛길
을 찾아다니느냐고 물을 수도 있겠다. 하지만 잘 닦여진 고속도
로로 빠르게 가는 여행도 좋지만 꼬불꼬불 사잇길로 여행하는
국도로 가는 여행의 묘미도 있지 않은가. 낯선 골목을 휘적휘
적 걷다 보면 빠르게 지나가는 고속도로에서 느끼지 못하는 새

로운 즐거움이 곳곳에 숨어 있기 때문이다. 여행의 목적이 빠른 속도에 있다면 고속도로가 최고의 선택이지만 독서로 하는 여행의 목적은 속도에 있지 않다. 독서를 통한 교육의 목적은 책이라는 매개체를 통해 충분한 경험과 이해, 그리고 나만의 생각을 탄생시키는 것이다. 그런 의미에서 샛길로 가는 독서 여행은 최고의 선택이다.

인생에서도 빠른 길이 모든 것을 해결해 주지 않듯이 느린 길이라고 꼭 나쁘지만은 않다. 길가에 핀 나무와 꽃, 나뭇가지를 넘나드는 청설모, 담벼락을 타고 내리는 고양이, 마을 어귀 한적한 나무 그늘에서 낮잠 자는 강아지를 만나기도 한다. 길을 잃고 헤매다가 누군가를 만나 길을 묻고 물 한 잔 얻어먹는 우연한 만남과 재미를 즐길 수 있는 것이 샛길 여행인 것이다. 샛길독서도 마찬가지다. 이 책을 읽게 된 독자들도 책을 지도 삼아 세상을 여행하는 나만의 샛길독서 아니 샛길 여행의 재미에 푹 빠져보길 기대한다.

〈샛길독서 기록장〉 _____ 읽고

1. 새롭게 알게 된 단어

요일	주요 등장 인물	책 읽은 소감을 한 줄로 쓰기
20____년 ( )월 ( )일		

단어	단어 뜻	그 단어로 문장 쓰기

197

나만의 독후 활동

독후 활동명

〈깊이 더하기〉 이 책으로 더 하고 싶은 샛길 활동

1	
2	
3	

○○투어: ○○이가 제안하는 또래 독서 체험

체험명 _____

일시	년　　월　　일　　요일
체험명	
관련 도서	
관련 내용	
참고 도서	
주요 체험지	
지원금 신청내용	

따	스	한		바	람	과		차	가
운		바	람	이		번	갈	아	
불	던		가	을	의		어	느	
날	이	었	어	요	.				
파	랑	오	리	는		아	기		우
는		소	리	를		든	고		헤
엄	쳐		갔	어	요	.			

따스한 바람과 차가운 바람… 바람을 느껴봐요.
어떤 느낌인가요?

책, 놀자! 작가 탄생 미션 1탄 -17

미션 수령 날짜	2018. 12. 08	미션 완료 날짜	2018. 12.22
작가 이름		관련 책 (페이지)	자전거 도둑
주제	나의 마음	글의 종류	토론하기
작성 방법	1. 꼬리에 꼬리를 무는 질문 놀이 2. 내가 만든 질문에 가족들이 답하는 질문 놀이		
제목	질문으로 생각해요, 하브루타 체험하기		
1단계: 꼬리에 꼬리를 무는 질문 놀이			

1. 수남이는 왜 서울로 오게 되었을까?

2. 사람들은 왜 수남이에게 꿀밤을 때렸을까?

3. 수남이가 자전거를 신사 몰래 가져간 것은 옳은 일일까?

4. 주인 아저씨는 수남이가 자전거를 가져온 것을 보고 왜 좋아했을까?

5. 수남이는 왜 다시 시골로 돌아가고 싶어졌을까?

1. '왜'가 들어가는 질문 만들기

나의 질문	( )의 답변
나의 답은?	

2. '어떻게'가 들어가는 질문 만들기

나의 질문	( )의 답변
나의 답은?	

3. '내가 ~라면'이 들어가는 질문 만들기

나의 질문	( )의 답변
나의 답은?	

과학 탐구 보고서

제목			
날짜		**장소**	
실험자			
준비물			
탐구 방법			
탐구 활동 (사진 또는 그림 첨부)			
탐구 결과			
알게 된 점 느낀 점			

독서 퀴즈 양식

독서 퀴즈		날짜		
책 이름		**지은이**		

독서 퀴즈 출제 위원이 되어 문제를 만들어 보세요.

문제 1

문제 2

문제 3

문제 4

문제 5

문제 6

하브루타 질문 활동지

하브루타를 위한 질문 만들기	날짜		
책 이름		지은이	

1단계 [꼼꼼질문] 사실 질문	• 내용 이해와 관련된 사실적인 질문 　(누가, 언제, 어디서, 무엇을, 어떻게, 왜) • 단어의 의미와 뜻에 관한 질문
	1. 2. 3.
2단계 [곰곰질문] 생각 질문	• 인물의 생각이나 행동을 추측하는 질문 • 문장의 표현, 느낌, 의견 묻기 • 왜? 질문하기 • 원인, 결과, 장단점 비교 질문
	1. 2. 3.
3단계 [라면질문] 적용 질문	• 상상하여 질문하기 (만약 ~했다면? 만약 ~한다면?) • 나와 현실, 생활에 적용하기 　(중요한 것은? 적절한 행동은, 만약 나라면?)
	1. 2. 3.

가족 샛길독서 다짐문

우리 가족이 가족 샛길독서를 통해 얻고자 하는 가치는
(　　,　　,　　)이며 그 가치를 실현하기 위해
아래와 같은 활동을 1년 동안 꾸준히 실천할 것을 다짐합니다.

샛길독서 활동을 하면서 우리 가족은

1.＿＿＿＿＿＿＿＿＿＿＿＿＿＿＿＿＿＿＿＿＿＿＿＿

2.＿＿＿＿＿＿＿＿＿＿＿＿＿＿＿＿＿＿＿＿＿＿＿＿

3.＿＿＿＿＿＿＿＿＿＿＿＿＿＿＿＿＿＿＿＿＿＿＿＿

4.＿＿＿＿＿＿＿＿＿＿＿＿＿＿＿＿＿＿＿＿＿＿＿＿

5.＿＿＿＿＿＿＿＿＿＿＿＿＿＿＿＿＿＿＿＿＿＿＿＿

을/를 하겠습니다.

또한 위의 약속이 지켜질 수 있도록 가족 모두가 최선을 다하겠습니다.

아빠 ＿＿＿＿＿＿＿＿(서명)
엄마 ＿＿＿＿＿＿＿＿(서명)
아들/딸 ＿＿＿＿＿＿＿＿(서명)
아들/딸 ＿＿＿＿＿＿＿＿(서명)
아들/딸 ＿＿＿＿＿＿＿＿(서명)

가족 샛길독서 서약서

_____가족

우리 가족은 가족과 함께 책 읽는 시간을 갖고

서로 즐거운 대화를 나눌 수 있도록 매주 (   )요일

(   ) 에 가족이 모두 모여 가족 독서 미션으로

(   ) 활동을 하겠습니다.

20_____ 년 _____월 _____일

(   ) 가족 일동

(1) 홍보 포스터

우리반 학기말 자치 프로그램

'긴긴밤'읽고긴긴프로젝트

독서 × 학급자치 콜라보

모두 같이 같은 책을 읽고 신나는 경험을
모아 모아 긴긴 프로젝트를 시작한다.

<사전 프로젝트>
7/4~7/8 긴긴밤 긴긴책 인증샷 찍기
7/11~7/15 긴긴밤 긴긴답 만들기 대회
　　　긴긴밤 고민상담소 (용용이와 친구들)
　　　치쿠와 윔보처럼 엄마의 마음으로
　　　알품기 체험

<학급친교의날 7/19>
*긴긴밤 퀴즈대회
*긴긴밤 체육대회
*긴긴밤 긴김밥 만들기
*긴긴 칭찬목걸이
　만들기

(2) 운영 계획 양식

긴긴밤 긴긴 프로젝트 운영 계획

교시	활동 내용
1	협동화 그리기
2	협동화 그리기
3	학급별 레크리에이션 - 긴긴밤 퀴즈 대회
4	학급별 레크리에이션- 긴긴밤 체육 대회 1. '코끼리 코딱지 같은 펭귄' 같은 별명 만들기 게임 2. 코뿔소 콧김으로 종이 떼기 대회 3. 코뿔소를 구해라! 사냥꾼 찾기 게임 4. 치쿠와 윔보처럼 입으로 알 옮기기 게임 5. 치쿠와 윔보처럼 단짝 달리기 게임
5	긴긴밤 긴긴팁 소감문 직싱하기 긴긴 칭찬 목걸이 마무리하기
6	긴김밥 만들기 대회 - 냉장/냉동할 조별 준비물은 조회 시간에 한 비닐에 모으기 - 모은 준비물은 1층 가사실에 보관 - 개인 준비물은 잘 챙겨서 다시 가져가기 - 음식물 쓰레기 최소화, 한곳에 모으기 - 서로 협동하기, 미루지 않기, 잘 정리하기

(3) 긴긴밤 긴긴 프로젝트 학급회의록 양식

부서명: _____

조원: _____

1. 긴긴 체육대회 추천 게임/경기

게임명	
게임 방법	
필요한 물건	

2. 긴김밥 만들기 준비물 나누기

제공될 재료	필수 미션 완료 후: 김, 단무지, 맛살, 햄, 추가 미션 완료 후: 치즈, 라면			
따로 준비할 재료	개별 준비: 햇반 2개 정도(밥만 도시락으로 2인분 싸 와도 됨), 김발, 도시락통 1, 나무 젓가락1			
	조별 준비: 큰 대접, 주걱 1, 김밥용으로 조리한 오이, 달걀, 당근, 기타			
	준비물	준비할 사람	준비물	준비할 사람
조별 재료 분담	큰 대접			
	주걱 1			
	김밥용 오이			
	달걀			
	당근			

3. 〈긴긴밤〉 퀴즈 만들기 (조별 3개씩)

퀴즈 출처	( )쪽, 관련 문장:
퀴즈 1	
정답	

퀴즈 출처	( )쪽, 관련 문장:
퀴즈 2	
정답	

퀴즈 출처	( )쪽, 관련 문장:
퀴즈 3	
정답	

(4) 긴긴밤 긴긴답 양식

나만의 긴긴밤 긴긴답 모아모아 글짓기

학번: _____ 이름: _____

질문 1) 최악의 악몽은? 숙면을 위한 방법은?	질문 2) 내가 가장 좋아하는 때는 언제인가요? 왜 그런가요?
질문 3) 치쿠와 윔보처럼 내가 알을 품는다면 어 떤 느낌일까요?	질문 4) 내가 알을 품고 보호했던 느낌이 어땠나 요? 깨지거나 혹은 무사히 잘 보호하고 부 모님께 음식까지 드린 소감은 어땠나요?

긴긴밤 긴긴 프로젝트 소감문

1. 모임의 시작

철학과 목표

당연한 이야기이지만 모임을 시작하기 전에 꼭 해야 할 것이 있다. 이 모임을 왜 하려고 하는지, 모임 구성의 필요성과 이유를 먼저 충분히 공유하고 생각하고 논의하는 것이다. 그래야 모임의 목적과 방향에 맞게, 흐트러짐 없이 잘 운영할 수 있다.

혼자 책을 읽는 것과 함께 읽는 것은 그 방법과 내용에서 확연히 다르다. 모임에 대한 이해가 부족하면 자칫 엄마들끼리 사담을 나누는 모임이나 아이들의 놀이 모임으로 변질될 수도 있다.

따라서 모임을 시작하기 전에, 공통의 동기와 공동 목표를 수렴하고 어떻게 진행해 나갈지 합의하는 것이 중요하다. 특히, 모임의 리더는 목표와 철학을 구성원들에게 주기적으로 상기시켜 주는 일을 소홀히 하면 안 된다. 그래야 방향이 흔들리지 않는다. 책을 읽는 목적이 아이들 책 읽기에만 머물 경우, 부모가 적극적으로 참여하는 모범적인 모습은 기대하기 어렵다. 모임 초반에 모임에 대한 각기 다른 기대와 목적을 공유하고 조율하는 과정을 잘 해두면, 운영하는 과정에서 생기는 불필요한 신경전과 갈등을 피할 수 있다.

리더와 참여자

리더는 모임을 소집하고 운영, 기획하고 진행하는 일을 맡아서 한다. 그러나 리더 혼자만 모든 일을 할 수는 없다. 처음에는 주도적으로 전체적인 것을 계획하고 운영하지만, 긴 시간 많은 일을 도맡아 하게 되면 쉽게 지치고 모임을 지속하기 힘들게 한다. 다른 참여자들도 단순 참여만으로는 결속력과 연대감을 가질 수 없다. 작은 일이라도 나눠서 하고, 주체적으로 모임을 구성하고 참여하게 되면 모임에 대한 애정도 깊어지고 주체성도 높아져서 모임의 질이 점점 좋아지는 선순환을 만들어낸다.

아이들을 대상으로 한 모임에서는 구체적인 참여 방법과 원칙을 알려주고 그 안에서 자유롭게 자기 생각과 활동을 할 수 있도록 하는 게 좋다. 성인들이 대상이라면 모임의 성격에 따라 독서 토론일 경우, 매달 읽을 책을 각자의 추천 도서로 정하고 그 추천 도서에 대한 발제문과 진행을 회원들이 돌아가면서 맡게 하면 모임 운영에 도움이 된다. 이때, 초반에는 오래 모임을 했던 선배들이 모임을 운영하는 모범을 보여주고 신입회원들은 모임 후반에 배치하여 운영과 진행을 하도록 배려하면 부담 없이 도전할 수 있는 운용의 묘가 된다.

규칙과 자율

아이들이나 어른이 모임에서 지켜야 할 최소한의 규칙은 필요하다. 한 달에 한 권의 책은 꼭 읽기로 한다든지, 읽은 책에 대해서는 반드시 한 줄 독서 평이라도 기록해서 남긴다든지, 한 달에 한 번은 가족이 모여 책에 대해 이야기하고 샛길 활동을 한다는 가족 독서 미션과 서약을 정해두고 지킨다든지, 하는 공동의 노력이 필요하다. 이런 규칙 안에서 각자의 방법으로 책을 읽고 기록하고 나누는 자유로움을 즐기면 된다. 책을 읽겠다는 목적은 하나지만 그것을 각자의 방법으로 확인하고 나누는 재미가 더해지면 모임은 더욱 즐거운 경험이 된다.

2. 모임의 운영

형태

모임의 형태는 필요와 목적에 따라 다르다. 가족끼리만 하는 가족 독서 모임, 마을 부모와 아이들이 주축이 되는 마을 동아리 형태, 성인들로 구성된 자율 동아리 형태, 아이들이 주축이 되는 또래 모임 등등 그 형태는 다양하다. 다만, 어린이들이 처음 책을 읽기 시작할 때는 부모나 강사가 안내해 주고 아이들은 참여하는 형태가 바람직하다. 아이들이 초등 고학년이 되었을 때, 또래 체험이나 또래 독서 등으로 아이들의 주도권을 점점 확대해 주고, 부모나 교사는 지원자나 안내자 역할을 할 것을 제안한다.

횟수

책 읽기 습관을 기르려면 모임의 횟수는 월 2회 정도가 적정하다. 그러나 책을 읽는 횟수나 독후 활동, 샛길 체험을 하는 횟수는 모임의 상황에 맞게 정하는 것을 원칙으로 한다.

미리 구체적인 과제와 활동을 계획하고 준비한 뒤 모임을 가질 때는 학년을 고려해 시간을 배분하는 게 좋다. 독후 활동만 할 경우 초등 저학년은 1시간 정도가 적절하며, 초등 고학년에서 중학생 정도라도 1시간 30분 정도가 좋다. 어른의 경우는 적절한 독서 토론 시간은 1시간 30분 정도이며 그보다 길게 할 경우, 90분하고 10분 휴식 후 이어 나가야 피로감 없이 집중력을 높일 수 있다.

장소

독서 모임 장소를 정할 때는, 토론이나 정적인 활동일 경우 마을 도서관을 이용하면 좋다. 도서관 홈페이지에 들어가면 동아리 방이나 공유 시설을 신청하는 방법이 자세히 안내되어 있다. 사설 모임 장소를 유료로 이용하는 방법도 있다. 모임 인원이 몇 명 되지 않는다면 조용한 마을 카페에서 모임을 진행해도 충분히 가능하다.

비용

모임의 운영에는 반드시 비용이 발생하기 마련이다. 비용은 모두 균등하게 나누어 분담하는 것이 가장 기본적인 원칙이며 뒤탈도 없다. 모임의 운영은 총무를 임명해 수입과 지출을 기록하고 투명하게 운영해야 길고 안전하게 모임을 지속할 수 있다.

　　최근에는 지자체에서 주민들이 자율적으로 운영하는 모임과 동아리에 많은 지원 사업을 하고 있다. 경기도의 공유학교 프로그램이나 예전에 있었던 경기 꿈의 학교 사업이 좋은 예이다.

관할 기관의 사업에 운영 계획서를 제출하여 선정되면 지원금을 받을 수 있다. 더욱 풍성한 활동과 원활한 모임 운영의 발판이 되는 것이다.

역할

보통 모임을 이끌어가는 기본 구성원은 회장과 부회장, 그리고 총무이다. 회장은 전체적인 계획을 세우고 회원들의 이견을 조율해 모임의 활동을 구성하고 실행해 나가는 중추적인 역할을 한다. 부회장은 회장이 부재할 때 회장 역할을 대신하기도 하고 회장과 상의하여 부가적으로 필요한 일들을 맡아서 한다.

내가 운영했던 모임에서는 부회장의 역할이 일반적인 경우보다 더 중추적이었다. 논의와 결정이 필요한 여러 가지 사항들에 대해 의견을 나누고 균형을 잡을 수 있도록 해주는 역할을 했다. 모임의 진행을 기록과 후기로 남기는 일도 부회장의 역할이었다.

마지막으로 총무는 모임의 지출과 수입에 관련된 일을 도맡아 하고, 모임 장소를 섭외하는 일도 병행하였다. 모임의 규모가 열 명 이상으로 커지면 조를 나누어 일을 분담하는 것이 좋다. 내가 꾸렸던 모임에서는 3개, 4개의 조가 두 명에서 네 명 정도의 조원과 함께 일했고, 해야 할 일을 나누어 3개월씩 맡는 형식으로 모임의 일을 분담하여 진행했다.

운영 방법

온라인/오프라인으로 운영

모임을 운영하는 방법은 온라인과 오프라인 두 가지 채널을 두는 것이 좋다. 내가 운영했던 모임은 네이버 밴드에 정보들을 공유했고, 만나서 하지 못할 때는 카톡방에서 대화하고 정했다. 기본적으로 주기적인 회의나 모임을 통해 중요한 일을 정하는 것이 좋다. 논의할 주제는 리더가 미리 취합해서 회원들에게 공지하고 모임에서 논의한 내용은 부회장이 정리해서 밴드에 글로 남겨 기록하면 나중에라도 결정된 내용을 확인할 수 있어 좋다.

계획-실행/논의-평가

모임을 시작하기 전에 전체적인 일정을 미리 계획하고 하는 것이 좋다. 모임을 하는 간격이나 시간은 언제가 좋은지 사전에 정해두고 제 날짜에 정해진 것들을 해내는 것이 전체적인 운영에는 큰 도움이 된다.

나의 경우는 1월에 그해 일 년의 계획을 미리 짠다. 읽을 책, 수업, 체험을 담당할 조를 미리 정해두면 마음의 준비는 물론 자신이 맡은 일을 보다 효율적으로 준비하고 진행할 수 있다. 주기적으로 체험이나 견학 활동을 한 후에는 소감문이나 보고서 등의 간단한 양식으로 기록해 두는 것이 효과적이다. 이는 일 년의 활동을 돌아보고 향후 새로운 계획을 짜고 참고할 수 있는 좋은 자료가 되기 때문이다. 그리고 마무리로 그간 했던 모든 활동을 돌아보고 나누는 자리를 마련하는 것이 좋다. 이런 자리를 통해 활동에 대한 소감과 의견을 나누고 부족하거나 수정할 사항을 반영하여 보다 나은 다음 활동을 계획할 수 있기 때문이다.

3. 모임의 실제

신입회원

모임을 운영하다 보면 다양한 사람들을 만나게 된다. 누군가는 적극적으로 모임에 참여하고 기여하고 즐기기도 한다. 하지만 어떤 사람은 불만이 많고 소극적이며 방관하는 사람처럼 보이기도 한다. 이는 초기에 철학과 목적이 충분히 논의되지 않거나 이해되지 않아서 생긴 온도 차일 수도 있고 지극히 개인적인 성향의 차이일 수도 있다. 그래서 내가 꼭 했던 것이 있다.

일 년에 한 번씩, 모든 활동을 마치고 나면 계속 모임을 하고 싶은 사람, 그만두고 싶은 사람을 파악한다. 그렇게 하면 들고나는 사람들 속에서 모임의 신선함을 유지할 수 있고, 타성에 젖거나 무기력해지는 것을 방지할 수 있다. 모임도 살아 있는 유기체 같아서 계속 같은 구성원으로, 같은 활동만 하면 고인 물처럼 썩어버리거나 무기력해지곤 한다. 구 회원에게는 모임 지속 여부를 주기적으로 묻고 확인하는 과정이 필요하고 동시에 새로운 회원을 영입하려는 노력도 필요하다. 이렇게 사람들이 들어오고 나가는 순환이 건강하게 계속된다면 역동적인 모임을 유지하는 데 큰 도움이 된다.

휴식

사람이나 동물도 쉼 없이 계속 움직이고 활동을 하게 되면 지치게 마련이다. 모임도 마찬가지이다. 1년 365일 계속할 수는 없다. 주기적으로 쉬고 재충전하는 시기가 꼭 필요하다. 잠깐의 휴식은 모임을 돌아보고 정리하게 해주는 중요한 시간이다. 특히 더운 여름이나 추운 겨울, 또는 상황에 따라 잠시 활동을 멈추고 재정비의 기회로 삼는다.

시작과 끝

모임의 시작과 끝은 알람처럼 반드시 챙겨야 한다. 모임의 시작에는 반드시 모임의 취지와 규칙, 준비할 사항과 기타 논의할 사항을 충분히 전달해야 하고 '이제 시작합니다'라고 공표하는 제스처가 꼭 필요하다. 이런 과정을 통해서 모임의 집중도가 높아지고 구성원들도 필요한 물품을 챙기거나 마음의 준비를 하고 적극적으로 모임에 참여할 수 있다.

비슷한 의미로 끝을 알리는 의식도 필요하다. 한 해 동안의 활동을 마감하는 자리나 전체적인 활동을 끝내는 졸업식 같은 자리는 조촐하더라도 그 의미는 크다. 그동안 해왔던 다양한 활동을 정리, 평가하고 모임의 의미와 성과를 되새길 수 있기 때문이다.

엄마 독서 모임에서 마을공동체까지
샛길독서의 시작과 성장

함께 읽기의 힘

샛길독서의 시작은 2016년 몇몇 엄마들과 함께 동네 주민자치센터에서 가졌던 독서 모임이었다. '공부하는 엄마, 성장하는 아이'라는 이름의 이 모임은 6년간 지속됐다. 그 후 일 년간 엄마와 아이들이 함께 읽을 책을 정하고 독후 활동과 체험을 같이 했고, 이것이 독서 품앗이 모임으로 자라났다.

2018~2019년에는 열다섯 명의 아이, 일곱 가족이 모여 30여 명이 되었다. 마침, 경기도 교육청에서 독서 활동 지원 프로젝트가 있었다. '경기도 마중물 꿈의 학교'가 그것. 그동안의 활동으로 제안서를 쓰고 지원하여 지원금도 받을 수 있게 되었다. 더욱 다양한 체험을 할 수 있는 밑거름이 된 것이다. 이 프로젝트는 2021년까지 이어졌고, '책, 놀자!'라는 이름의 프로그램으로 마을공동체의 역동적인 독서 품앗이 교육으로 자리 잡게 되었다.

2020~2021년에는 30여 명의 아이들과 열네 가족이 되었다. 부모까지 합치면 60여 명이 되는 마을공동체 모임이 되었다. 지원금의 규모도 늘어나 전국의 다양한 유적지, 잡월드, 과학 체험, 뮤지컬 공연 관람은 물론, 코딩, 독서 전문 강사님까지 모시는 옹골찬 모임으로 자리매김하게 되었다.

마을공동체 부모 독서 모임 'Mama & papas' Book Club: M.B.C'는 부모 독서 토론을 활성화하는 뿌리가 되었다. 초등 1학년 때 만났던 아이들이 6학년이 되던 해, 마을공동체도 졸업식을 하였다. 그때까지 모임을 거쳐 간 아이와 가족을 모두 합치면 대략 150명 정도. 엄마들의 독서로 시작해서 아이까지 책 속에 스며들고 결국엔 아빠까지 참여하는 '가족 독서 문화'가 되었다는 점이 가장 뿌듯했다. 또한 책으로만 공부하던 역사와 문학을 몸으로 체험으로 견학으로 경험하면서 깊이와 추억을 쌓았다는 점도 잊을 수 없다.

혼자 읽는 독서가 아니라 마을과 학교에서 공동체를 이루어 함께하는 독서는 그 힘이 더욱 강했다. 시행착오를 겪으며 점점 커진 모임은 부모에게는 자녀 교육의 책임자로서의 자신감과 능동성을, 아이들에게는 다양한 독서 경험이라는 선물을 안겨주었다.

이후 슬로리딩 독서 모임은 내가 근무하는 학교 현장에서 다양한 프로그램으로 재탄생했다.

샛길독서를 쉽게 접할 수 있는 다양한 형태의 독서 활동, 학습법을 개발했다. 영어 수업에 접목한 활동 중심 수업 'All Right English' 전체 학년을 대상으로 한 독서 중심의 주제별 교과 융합 '학기 말 프로젝트' 등 다양하게 진행되었다. 또한 중학교 2학년 학년말 성 인지 감수성을 주제로 한 프로젝트 '다름을 인정해요.', 교실 자치 프로그램 '긴긴밤 긴긴 프로젝트' 인성교육을 위한 '친근하게, 친절하게: 친.친 프로젝트'를 기획하여 실행했다.

멀리 넓게 스며드는 샛길독서

더 나아가 동료 교사들과 함께하는 여러 동아리를 만들어 독서의 즐거움을 나누고 수업과 인생에 적용할 다양한 아이디어를 나누기도 했다.

학교 내에서는 시대 흐름에 맞는 수업의 변화를 모색하는 미래 교육과 혁신 업무를 주로 담당하고 있던 내 소임에 맞추어 교사를 대상으로 다양한 연수와 모임을 꾸렸다. 2018년부터는 경기도 내 영어 교사들과 함께, 한 달에 한 번 3시간씩 책 한 권을 천천히 읽고 깊게 나누는 슬로리딩 연구 동아리 'S.R.G.T(Slow Readers, Great Teachers)'를 조직하여 4년간 운영했다.

2019년에는 초, 중등 교사들과 영어 그림책을 천천히 읽고 다양한 수업법을 개발하는 'Pic.Ca.Book(Picture Communication Book club)을 운영하며 수업 활동의 고민을 나누고 새로운 독서 수업을 제안하는 등 컨설팅의 역할을 할 수 있었다.

2018년~2020년까지 학교 내 전문적 학습공동체 '비움과 채움'을 운영하였고 2021년에는 범교과 교사들과 인문 교양서적을 읽는 인문 독서 동아리 '달밤의 인문학 산책' 모임도 기획, 운영하였다. 다양한 연구회를 조직하여 교사들의 수업을 개선하도록 돕고 있으며 수업 컨설팅, 연수프로그램 개발 등을 해왔다.

재학 중인 학생뿐 아니라 졸업한 학생들과도 다국적 독서 모임을 꾸려서 운영했다. 미국인 학생을 포함, 20대가 된 제자들이 함께했던 진로 독서 동아리 'Book Talk Friends (B.T.F)'가 그것. 3년간 운영했던 이 동아리는 20대 제자들과 청춘들을 위한 인생 상담소가 되었다. 지금도 일 년에 두 번 정기 모임을 하며 서로의 성장을 나누고 응원하고 있다.

이렇게 지난 8년간 아이들과 부모, 선생님들과 사회에 나간 제자들과 함께 천천히 책을 읽고 즐겁게 함께한 샛길 활동은 하시모토 다케시 선생님의 슬로리딩을 넘어 나만의 독서법 '샛길독서'로 성장하고 여물어갔다.

샛길독서 마을공동체 성장

step 01	step 02	step 03	step 04
2016~2017: 시작과 도전	2018~2019: 성장	2020~2021: 확장	2022~2023
엄마들과 독서 모임 시작 (2016) 다양한 종류의 육아, 교양, 교육서 읽고 토론 아이들과 독서 모임 시작 (2017) 두 권의 책 슬로리딩	마중물 꿈의학교 운영 '공부하는 엄마, 성장하는 아이' 역사책 중심으로 논술, 체험 슬로리딩	경기꿈의학교 '책, 놀자!' 확장 운영 근현대사 문학 중심 슬로리딩 (2020) 한국문학 중심 슬로리딩 (2021) 저학년 독서 품앗이 시작 (2021) 글쓰기 강화, 학생 주도 모임	저학년 독서 품앗이 운영 (~2022.7) '가족 책 놀자!' 운영 (2022~)
	학교에 슬로리딩 도입 학급 슬로리딩 시작 학년 '다름을 인정해요' 프로젝트	20대 청춘들과 B.T.F 시작 (2020) 영어 원서, 진로 중심 슬로리딩	학급 자치 슬로리딩 (2022) '긴긴밤 긴긴 프로젝트' 운영 20대 청춘들과 B.T.F 운영 (~2022.7) 영어 원서, 진로 중심 슬로리딩
	교사 동아리 시작 범교과 동아리 '비움과 채움' 경기 영어 교사 동아리 'S.R.G.T' 영어 그림책 연구 동아리 'Picabook'	교사 동아리 운영 '달밤의 인문학 산책' 시작 'S.R.G.T' 운영 '비움과 채움' 운영	교사 동아리 '달밤의 인문학 산책' 참여 'S.R.G.T' 참여

샛길독서

1판 1쇄 발행 2024년 12월 13일

지은이 윤병임
펴낸이 최창희
펴낸곳 참출판사(주)
주소 03969 서울시 마포구 성미산로3길 67
대표전화 (02)325 - 4192
팩스 (02)325 - 1569
이메일 chambooks@hanmail.net
등록 2000년 12월 29일, 제13-1147

ISBN 978-89-87523-47-7 03370

값 14,500원